KiW
1880

Das Buch

Welches europäische Land hat die meisten Einwohner und Einwohnerinnen? Wo befindet sich der südlichste Punkt Afrikas? Welche deutsche Pilotin umrundete 1932 erstmals die Welt? Ist die Erde wirklich eine Kugel?

Der große SPIEGEL-Wissenstest dreht sich diesmal um die Geografie, um unsere Erde und darum, wie wir uns auf ihr orientieren und zurechtfinden, wie wir sie begreifen und verstehen. Wer häufiger mal »Stadt, Land, Fluss« gespielt hat, geht vielleicht mit einem kleinen Startvorteil ins Rennen. Doch die 150 Fragen in diesem Band führen über pures Lexikonwissen weit hinaus. Gefragt sind Kenntnisse der politischen Ordnung auf diesem Planeten, der Erdgeschichte und Entdeckungen, der Verteilung der Bodenschätze und der Folgen des Klimawandels.

Aber keine Angst: Niemand muss sich vor den eigenen Wissenslücken fürchten. Wenn Sie Spaß am Kombinieren und Spekulieren haben, werden Sie mit Ihren Antworten immer wieder richtigliegen. Und für den unwahrscheinlichen Fall, dass Sie hier und da Ihr Kreuz nicht an der richtigen Stelle machen, gibt es schon jetzt einen kleinen Trost: Hinterher sind Sie schlauer!

Die Autoren

Martin Doerry, Dr. phil., geboren 1955, arbeitete von 1987 bis 2021 für den SPIEGEL, davon 16 Jahre als stellvertretender Chefredakteur. Heute lebt er als Autor in Hamburg.

Markus Verbeet, Dr. iur., geboren 1974, arbeitet seit 2003 für den SPIEGEL, seit 2012 gehört er der Leitung des Deutschlandressorts an. Er lebt in Hamburg.

Kontakt: wissenstest.geografie@spiegel.de

Martin Doerry / Markus Verbeet

Stadt Land Fluss

Der große SPIEGEL-Wissenstest
Geografie

Kiepenheuer & Witsch

Der Verlag Kiepenheuer & Witsch hat sich zu einer nachhaltigen Buchproduktion verpflichtet. Gemeinsam mit unseren Partnern und Lieferanten setzen wir uns für eine klimaneutrale Buchproduktion ein, die den Erwerb von Klimazertifikaten zur Kompensation des CO_2-Ausstoßes einschließt.

Weitere Informationen finden Sie unter *www.klimaneutralerverlag.de*

2. Auflage 2023

Covergestaltung: Barbara Thoben, Köln
Covermotiv: © Leonello / istockimages; Mipan – Fotolia.com
Gesetzt aus der Whitman
Satz: Wilhelm Vornehm, München
Druck und Bindung: CPI books GmbH, Leck
ISBN 978-3-462-00460-1

Inhalt

Einleitung **7**

Der große SPIEGEL-Wissenstest: **Geografie** **11**

Die Gebrauchsanweisung **13**

Die Fragen **14**

Die Auflösung **96**

Das Ergebnis **127**

Was wir wissen – und was nicht **131**

»Ich muss vor allem die Winde kennen«
Der Segler Boris Herrmann über seine Weltumrundungen und die sichtbaren Folgen des Klimawandels **132**

»Wenn man verreisen kann, sollte man das unbedingt machen«
Die TV-Moderatorin Linda Zervakis über Orientierung in der Welt, ihre Verbundenheit mit Griechenland und ihren Erdkunde-Leistungskurs **140**

»Ich dachte, niemand wird mich gleich umlegen«
Der Abenteurer Rüdiger Nehberg über seine gefährlichen Expeditionen und seinen Einsatz für die Yanomami **150**

Lektüretipps **158**

Einleitung

Wissen Sie noch, wann Sie das letzte Mal auf eine Landkarte oder einen Stadtplan geguckt haben? Sicherlich seltener als früher – vielleicht machen Sie das auch gar nicht mehr. Stattdessen öffnen die meisten von uns Google Maps oder eine andere App auf dem Handy und wissen umgehend Bescheid: wo der gesuchte Ort ist und wie man auf dem schnellsten Weg dahin kommt.

Niemand dürfte bestreiten, dass ein Navi eine praktische Angelegenheit ist. Jeder etwas ältere Autofahrer und jede etwas ältere Autofahrerin wird sich daran erinnern, wie man einst in irgendwelchen Einbahnstraßen gelandet war, den Stadtplan auf den Knien, und verzweifelt Passantinnen oder Passanten nach dem Weg gefragt hat. Oder Ziele, die eigentlich schnell zu erreichen waren, erst spät erreichte, weil man unnötige Umwege machte.

Die Frage ist, ob die Kurverei mit Karten durch Landschaften und Städte nicht auch Vorteile hatte: weil wir dabei lernten, wo Norden und Süden ist, und auch wussten, in welchem Stadtteil wir gerade unterwegs waren, meistens jedenfalls. So lästig sie war, die Sucherei schulte möglicherweise den Orientierungssinn und bewahrte uns vor geografischer Ignoranz.

Auch heute kann ein gewisses Wissen über die Welt von praktischem Nutzen sein. Wer geschäftlich mit einem neuen Kunden oder einer neuen Kundin in Birmingham zu tun hat, sollte wissen, ob der Mann oder die Frau in Birmingham im

US-Staat Alabama oder in Birmingham in Großbritannien sein Büro hat. Auch wer in den Urlaub nach Palma de Mallorca fliegen will, sollte unbedingt darauf achten, dass er beim Buchen im Internet nicht den Flughafen von Las Palmas anklickt (und auf den Kanaren landet).

Doch Kenntnisse der Geografie sind natürlich auch darüber hinaus wichtig, erst recht in Zeiten der Globalisierung. Wer den Klimawandel bekämpfen will, dem hilft vermutlich eine zumindest vage Vorstellung von den Lebensbedingungen in der Sahelzone oder in den Überschwemmungsgebieten von Bangladesch. In einer globalisierten und auch bedrohten Welt zählt geografisches Wissen zu den Basiskompetenzen, deswegen also dieses Buch.

Es soll Ihnen, liebe Leserin, lieber Leser, zeigen, was Sie alles schon wissen. Es wird Ihnen aber auch Hinweise darauf geben, wo Sie kleinere oder größere Wissenslücken haben – eine solche Erkenntnis tut schließlich nicht weh. Und wie auch immer Ihr Ergebnis ausfällt: Der Weg ist das Ziel, und das Quiz macht Ihnen hoffentlich in jedem Fall Spaß!

Geografische Grundkenntnisse sollten wir alle eigentlich im Schulunterricht erworben haben. Bis heute liegt der Diercke Weltatlas (oder ein vergleichbares Werk) in den meisten Klassenzimmern herum; ob Schülerinnen und Schüler ihn benutzen, steht auf einem anderen Blatt. Dieses papierne Monstrum enthält jedenfalls bei genauerer Betrachtung eine Menge nützlicher Informationen, über politische Grenzen und Verkehrswege, über geologische Formationen und Bodenschätze.

Wem Atlanten zu theoretisch sind, dem bleibt die praktische Erkundung, sprich: das Reisen. Der schöne Satz »Reisen bildet« hat durchaus einen wahren Kern. Wer reist, erfährt mehr über fremde Länder und fremde Menschen. Wer reist, versteht mehr von der Welt, von ihren schönen und weniger schönen Seiten. Wer reist, entfernt sich sozusagen von sich selbst – und lernt sich und andere umso besser kennen.

Dabei ist das Reisen keine Selbstverständlichkeit. Lange war es einer winzigen Oberschicht vorbehalten; der Massentourismus begann in Westeuropa erst in den Fünfziger- und Sechzigerjahren. Die ersten Reisen führten im VW-Käfer oder Opel-Kadett nach Rimini, in den Siebzigerjahren flogen die Ersten nach Spanien. Europa wurde erlebbar und blieb nicht länger nur eine politische Vision. Heute nun fliegen die Menschen überallhin, am besten rund um den Globus – wenn nicht Corona es verhindert. Oder Flugscham.

Vor wenigen Jahren hätte man vielleicht noch behauptet, dass diese unglaubliche Mobilität die Welt besser und friedlicher gemacht und dafür gesorgt hat, dass zumindest in Europa seit bald 80 Jahren kein größerer Krieg mehr stattfinden konnte. Der Angriff Russlands auf die Ukraine hat uns eines Besseren beziehungsweise Schlechteren belehrt. Immerhin wissen nun alle politisch interessierten Menschen in Mittel- und Westeuropa plötzlich, wo Charkiw, Odessa und Mariupol liegen, nämlich nicht irgendwo auf einem fremden Planeten, sondern in der Nachbarschaft, in einem Land nur etwas mehr als 1500 Kilometer entfernt von Wien, Regensburg oder München.

Und noch etwas haben wir im Zuge dieses schrecklichen Kriegs gelernt: dass nationale Identitäten, die im Rahmen der europäischen Einigung eigentlich obsolet werden sollten, vielleicht stärker sind denn je. Die Europäer erleben, dass sich Russen und Ukrainer so blutig bekämpfen, wie sich früher Deutsche und Franzosen, Preußen und Österreicher bekriegt haben. Grenzen spielen dabei eine entscheidende Rolle – jene Grenzen, die nach dem Zweiten Weltkrieg festgelegt zu sein schienen und die nun, dreißig Jahre nach der Auflösung der kommunistischen Regimes, infrage gestellt, verrückt und verschoben werden sollen.

Aber keine Sorge, der Wissenstest Geografie behandelt nicht nur die düsteren Realitäten, er präsentiert auch Überraschendes und Heiteres. Ein ganzes Kapitel ist allein den »Landschaften der Fantasie« gewidmet, mit Fragen zu Ländern und Regionen, die Schriftstellerinnen und Schriftsteller entweder nur im Geist bereist oder die sie sich selbst ausgedacht haben. Wer also schon mal vom Bahnsteig 9 ¾ aus losgefahren ist und dann in 80 Tagen um die Welt, wird hier eine Menge Punkte sammeln können. Und das wünschen wir natürlich allen Leserinnen und Lesern des großen SPIEGEL-Wissenstests Geografie.

Viel Erfolg!

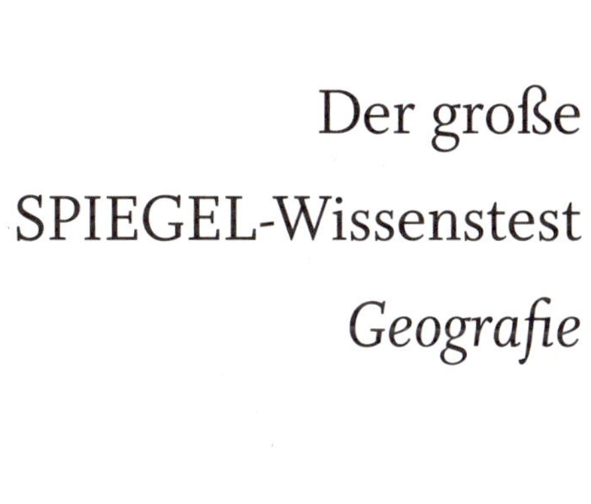

Der große SPIEGEL-Wissenstest

Geografie

Die Gebrauchsanweisung

1 Wie ist der Test aufgebaut?

Der Test besteht aus zehn Themengebieten. Es sind jeweils 15 Aufgaben zu lösen, insgesamt also 150.

2 Wie mache ich mit?

Suchen Sie sich einen ruhigen Platz, nehmen Sie einen Stift in die Hand – und los geht's!

3 Wie ermittle ich mein Ergebnis?

Vergleichen Sie Ihre Antworten mit den Lösungen ab Seite 96. Für jede richtige Antwort geben Sie sich einen Punkt, dann zählen Sie Ihre Punkte zusammen.

Eine Einschätzung Ihres Ergebnisses finden Sie auf Seite 127.

DIE FRAGEN

I. Erdgeschichte und Entdeckungen **16**

II. Die Ordnung der Welt **24**

III. Staaten, Grenzen, Bündnisse **32**

IV. Berge, Meere, Flüsse **40**

V. Bodenschätze, Handelswege, Wirtschaftssysteme **48**

VI. Der Klimawandel: Fluten, Dürren, Hitzewellen **56**

VII. Reisen: Die schönste Zeit des Jahres **64**

VIII. Geografie der Verkehrswege: Straßen, Bahnen, Kanäle **72**

IX. Finden Sie Ihren Weg! Die Kunst der Orientierung **80**

X. Landschaften der Fantasie **88**

I.
ERDGESCHICHTE UND ENTDECKUNGEN

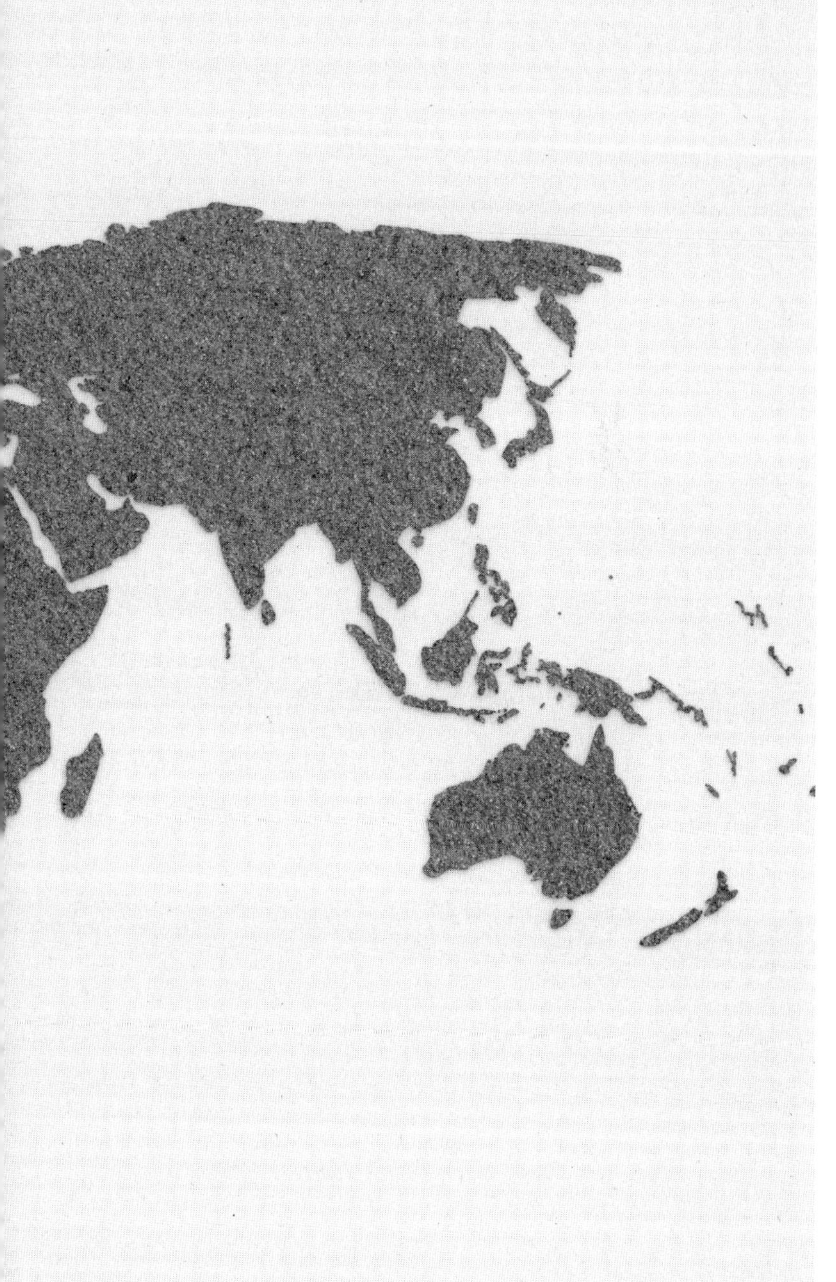

1 Die Erde ist rund, aber …

a einem Luftballon ähnlich.

b leicht birnenförmig.

c an den Polen leicht abgeflacht.

d Kein »aber«! Die Erde ist rund wie ein Ball.

2 Christoph Kolumbus erreichte 1492 erstmals Amerika. Welches Land glaubte er gefunden zu haben?

a Japan

b China

c Amerika

d Indien

3 Wie viel Prozent der Erdoberfläche sind nicht von Wasser bedeckt? Rund

a 10 Prozent

b 30 Prozent

c 50 Prozent

d 70 Prozent

4

Wo wurden die Überreste der Stadt Rungholt entdeckt, die durch eine Sturmflut im 14. Jahrhundert zerstört worden war?

In der Lübecker Bucht **a**

Im Nordfriesischen Wattenmeer **b**

Zwischen Hiddensee und Rügen **c**

Vor den Westfriesischen Inseln **d**

5

Wann bildete sich die Meerenge zwischen dem europäischen Kontinent und dem heutigen Großbritannien?

Vor 650 Jahren **a**

Vor 6500 Jahren **b**

Vor 65 000 Jahren **c**

Vor 650 000 Jahren **d**

6

Wie entstand die heutige Form des griechischen Archipels Santorin?

Durch den Abbau großer Kiesvorkommen im 15. Jahrhundert **a**

Durch eine Sturmflut im 12. Jahrhundert **b**

Durch die Kontinentalverschiebung vor 250 Millionen Jahren **c**

Durch einen Vulkanausbruch im 16. Jahrhundert **d**

7 Wie heißt der sogenannte Urkontinent, aus dem sich die heutigen Kontinente vor etwa 250 Millionen Jahren gebildet haben?

- **a** Pangäa
- **b** Pankreas
- **c** Pangermanien
- **d** Pan

8 Welcher Polarforscher erreichte 1911 als erster Mensch den Südpol?

- **a** Robert Falcon Scott
- **b** Robert Peary
- **c** Roald Amundsen
- **d** Richard Byrd

9 Welchem Wissenschaftler wird die Entdeckung zugeschrieben, dass die Erde keine Scheibe ist?

- **a** Galileo Galilei
- **b** Pythagoras
- **c** Kopernikus
- **d** Charles Darwin

10

Der Erdumfang beträgt etwa 40 000 Kilometer. Wie tief müsste man bohren, um einmal durch den Mittelpunkt der Erde zur anderen Seite zu kommen? Etwa

17 510 Kilometer **a**

12 700 Kilometer **b**

10 900 Kilometer **c**

5690 Kilometer **d**

11

Wer entdeckte 1871 den verschollen geglaubten Afrikaforscher David Livingstone in der Nähe des Tanganjikasees?

Karl Peters **a**

Ernst von Carnap **b**

Henry Morton Stanley **c**

Gustav Nachtigal **d**

12

Jeanne Baret umsegelte ab 1766 als vermutlich erste Frau die Welt. Wie gelang ihr das?

Sie verkleidete sich als Mann. **a**

Sie versteckte sich unter Deck. **b**

Sie segelte allein. **c**

Sie stand unter dem Schutz von Ludwig XVI. **d**

13 Von wo nach wo fuhr der norwegische Abenteurer und Forscher Thor Heyerdahl 1947 mit seinem Floß Kon-Tiki?

- **a** Von Madeira nach Haiti
- **b** Von Peru nach Polynesien
- **c** Von Ecuador zu den Galapagosinseln
- **d** Von Gran Canaria nach Barbados

Wie lautet der Titel des monumentalen Werks Alexander von Humboldts? **14**

Terra incognita **a**

Universum **b**

Kosmos **c**

Stadt, Land, Fluss **d**

Welchen Anteil der Erdoberfläche bedeckt Europa? Rund **15**

Ein Fünftel **a**

Ein Fünfzigstel **b**

Ein Fünfhundertstel **c**

Ein Fünftausendstel **d**

II. DIE ORDNUNG DER WELT

HONG KONG
DUBAI
SYDNEY
TOKYO
LONDON
PARIS
JAKARTA
ZURICH
CAPE TOWN
SINGAPORE
MOSCOW
SAO PAULO
ISLAMABAD
LOS ANGELES
BRUSSELS
ATHENS
DUBLIN
BERLIN
BUENOS AIRES
ROME
PRAGUE
MANILA
MADRID
SEOUL

1 Vom Nullmeridian wird die geografische Länge nach Westen und Osten gezählt.
Durch welche Stadt verläuft er?

a Paris

b London

c Washington, D. C.

d Sydney

2 Welches Land zählt erst seit 1957 zur Bundesrepublik?

a Saarland

b Hessen

c Bremen

d Bayern

3 Viele Schülerinnen und Schüler kennen den Diercke Weltatlas.
Wann erschien die Erstausgabe?

a 1683

b 1783

c 1883

d 1983

4

Von wo nach wo führt die antike Straße Via Appia?

Von Rom nach Brindisi a

Von Mailand nach Florenz b

Von Bologna nach Venedig c

Von Rom nach Paris d

5 In Brasilien ist Portugiesisch eine Amtssprache, in vielen anderen Teilen Südamerikas hingegen Spanisch. Warum?

a Weil die brasilianische Bevölkerung in einer Abstimmung für Portugiesisch votierte

b Weil die Portugiesen Brasilien entdeckten, die Spanier aber den Rest Südamerikas

c Weil der Papst eine entsprechende Trennlinie bestätigte

d Weil die Portugiesen den Teil Südamerikas, der später Brasilien genannt wurde, den Spaniern abkauften

6 West-Berlin bestand bis zur Wiedervereinigung aus drei Sektoren. Welcher gehörte nicht dazu? Der

a Britische

b Amerikanische

c Französische

d Sowjetische

7 Welcher Staat ist völkerrechtlich umstritten?

a Namibia

b San Marino

c Vatikanstadt

d Palästina

Welches Land Afrikas war 1914 keine deutsche Kolonie? **8**

Namibia **a**
Togo **b**
Algerien **c**
Tansania **d**

Im Sommer 1989 entstand ein erstes Loch im sogenannten Eisernen Vorhang, durch das DDR-Bürger in den Westen gelangen konnten. Welches Ostblockland öffnete damals seine Grenzen in welches westliche Land? **9**

Tschechoslowakei / Bundesrepublik Deutschland **a**
Jugoslawien / Italien **b**
Ungarn / Österreich **c**
Tschechoslowakei / Österreich **d**

Welche Voraussetzung musste Spanien erfüllen, um 1986 Mitglied der Europäischen Gemeinschaft zu werden? **10**

Öffnung Mallorcas für den Tourismus **a**
Demokratische Verfassung nach Franco-Diktatur **b**
Verbot des Stierkampfs **c**
Auflösung der spanischen Kolonien **d**

11 Welcher sozialistische Staat wurde nach dem Ende des Kommunismus in Europa nicht in Einzelstaaten aufgelöst?

a Ungarn

b Sowjetunion

c Jugoslawien

d Tschechoslowakei

12 An welches afrikanische Land haben deutsche Museen die während der Kolonialzeit geraubten Benin-Bronzen zurückgegeben?

a Benin

b Nigeria

c Ghana

d Senegal

13 Im sogenannten Afrikanischen Jahr erhielten 18 Kolonien die Unabhängigkeit von ihren Kolonialmächten. Wann war das?

a 1940

b 1960

c 1980

d 2000

Wie viele Längen- und Breitengrade gibt es? 14

180 Längengrade, 360 Breitengrade **a**

Jeweils 180 **b**

Jeweils 360 **c**

360 Längengrade, 180 Breitengrade **d**

Wer schuf 1569 eine berühmte Weltkarte? 15

Erasmus von Rotterdam **a**

Leonardo da Vinci **b**

Gerhard Mercator **c**

Francis Bacon **d**

III. STAATEN, GRENZEN, BÜNDNISSE

1 Welches Land betrachtet den britischen König nicht als sein Staatsoberhaupt?

a Indien

b Jamaika

c Kanada

d Australien

2 Die föderalen Staaten USA, Großbritannien, Deutschland und Kanada bestehen jeweils aus einer Anzahl von Teilstaaten, Ländern, Provinzen oder Territorien.
Welche Zahl passt zu welcher Nation?

4 =

13 =

16 =

50 =

3 Welches Land ist keine ehemalige Sowjetrepublik?

a Mongolei

b Kasachstan

c Turkmenistan

d Moldawien

Wie wurde Alaska zu einem Teil der Vereinigten Staaten von Amerika? 4

Siedler kauften das Land an der Nordwestspitze Amerikas im 19. Jahrhundert. **a**

Im Zuge einer Volksabstimmung der Inuit im Jahre 1922 **b**

Durch Annexion im Ersten Weltkrieg **c**

Die USA erwarben die Kolonie des Russischen Kaiserreichs im Jahre 1867. **d**

Sie spielen »Stadt, Land, Fluss« und sollen für die folgenden vier Buchstaben des Alphabets jeweils den deutschen Namen eines Nationalstaats nennen. 5
Mit welchem Buchstaben können Sie nicht beginnen?

A **a**

J **b**

X **c**

Z **d**

6 Welche Paarung passt nicht in diese Reihe?

- **a** Krakau / Danzig
- **b** Amsterdam / Den Haag
- **c** Sydney / Canberra
- **d** Rio de Janeiro / Brasilia

7 Ordnen Sie die bevölkerungsreichsten Länder der Europäischen Union nach ihrer Fläche:

Frankreich

Deutschland

Spanien

Italien

8 Der kleinste Staat der Welt ist mit 0,44 Quadratkilometern …

- **a** Monaco
- **b** San Marino
- **c** Vatikanstadt
- **d** Liechtenstein

Die Zeichnung zeigt die Umrisse eines Landes. Um welches handelt es sich?

9

Kenia	**a**
Kolumbien	**b**
Spanien	**c**
Polen	**d**

10 Welcher dieser Staaten hat die meisten Nachbarländer?

- **a** Brasilien
- **b** Indien
- **c** China
- **d** Ghana

11 Der UNO gehören fast alle Staaten an. Wo hat die Organisation ihren Hauptsitz?

- **a** New York City
- **b** Wien
- **c** Genf
- **d** Nairobi

12 Welcher Staat gehört nicht der Europäischen Union an?

- **a** Dänemark
- **b** Finnland
- **c** Schweden
- **d** Norwegen

Wo liegt die deutsche Exklave Büsingen? 13

Österreich a

Schweiz b

Luxemburg c

Belgien d

Welcher dieser Staaten gehörte 2022 der NATO an? 14

Türkei a

Schweden b

Finnland c

Georgien d

Wie lang war die innerdeutsche Grenze zwischen der Bundesrepublik und der DDR ungefähr? Knapp 15

350 Kilometer a

700 Kilometer b

1050 Kilometer c

1400 Kilometer d

IV. BERGE, MEERE, FLÜSSE

1 Sie sehen hier die Abbildung eines Gewässers. Um welchen Fluss handelt es sich?

- a Weser
- b Rhein
- c Mosel
- d Saar

2 Welche großen Wasserfälle frieren im Winter teilweise zu?

- a Victoriafälle in Afrika
- b Niagarafälle in Nordamerika
- c Mekongfälle in Asien
- d Iguazúfälle in Südamerika

Die Donau durchfließt oder berührt zehn Länder – mehr als jeder andere Fluss Europas. Welches gehört nicht dazu? 3

Serbien **a**

Russland **b**

Bulgarien **c**

Rumänien **d**

Wo befinden sich die tiefsten Stellen der Erde? 4

Pazifik **a**

Atlantik **b**

Schwarzes Meer **c**

Indischer Ozean **d**

Welches der genannten Skigebiete liegt in Deutschland? 5

Hohe Tatra **a**

Riesengebirge **b**

Winterberg **c**

Grindelwald **d**

6 Welcher Berg wurde kürzlich neu berechnet und ist nun einen Meter höher?

a Zugspitze

b Matterhorn

c Mount Everest

d Kilimandscharo

7 In welchem Teil des Mittelmeers liegen keine griechischen Inseln?

a Tyrrhenisches Meer

b Ionisches Meer

c Thrakisches Meer

d Ikarisches Meer

8 Der südlichste Punkt von Afrika befindet sich am

a Kap Agulhas

b Kap der Guten Hoffnung

c Kap Horn

d Caprivi-Zipfel

Wo ist der Tidenhub, also der Unterschied zwischen Ebbe und Flut, am größten? 9

Grömitz / Ostsee a

Kreta / Mittelmeer b

Sylt / Nordsee c

Bretagne / Atlantik d

Welche Insel liegt nicht in der Nordsee? 10

Terschelling a

Fanö b

Wolin c

Hooge d

Ordnen Sie die folgenden Meere und Seen nach ihrem Salzgehalt: 11

Nordatlantik

Totes Meer

Rotes Meer

Baikalsee

12 Was sehen Sie auf diesem Foto?

- **a** Schloss Neuschwanstein
- **b** Burg Hohenzollern
- **c** Wartburg
- **d** Marienburg

Welche beiden europäischen Hauptstädte wurden jeweils auf sieben Hügeln errichtet? 13

Rom und Zagreb a

Zagreb und Tirana b

Lissabon und Rom c

Tirana und Lissabon d

Sortieren Sie deutsche Nationalparks nach ihrer Größe: 14

Bayerischer Wald

Eifel

Jasmund

Müritz

Welcher geografische Einschnitt markiert die Grenze zwischen Europa und Asien? 15

Der Don a

Der Amur b

Der Ural c

Die Weichsel d

V. BODENSCHÄTZE, HANDELSWEGE, WIRTSCHAFTS-SYSTEME

1 Welches Land war bei der Gründung der Europäischen Wirtschaftsgemeinschaft 1957 nicht dabei?

a Italien

b Frankreich

c Großbritannien

d Niederlande

2 Welches Land der Welt hat die größten bekannten Erdölreserven?

a Venezuela

b Saudi-Arabien

c Kanada

d Iran

3 Welches internationale Wirtschaftsbündnis existiert nicht mehr?

a USMCA

b ASEAN

c OPEC

d COMECON

4

In welchem Land wird das für die Herstellung von Mobiltelefonen notwendige Erz Coltan hauptsächlich abgebaut?

Demokratische Republik Kongo **a**
Ghana **b**
Uganda **c**
Südafrika **d**

5

China will seine Waren auf der »Neuen Seidenstraße« weltweit exportieren. Welcher Kontinent ist nicht Teil dieses großen Infrastrukturprojekts?

Afrika **a**
Asien **b**
Amerika **c**
Europa **d**

6 Kartoffeln (1), Tomaten (2), Sojasprossen (3) und Gartenerdbeeren (4) sind einst aus fernen Ländern nach Europa gekommen. Bitte ordnen Sie die Nutzpflanzen den folgenden Regionen zu:

Mittelamerika:

Asien:

Südamerika:

Nordamerika:

7 Welches Land der Welt hat die größten bekannten Goldreserven?

a Russland

b Südafrika

c USA

d Australien

8 Welches große IT-Unternehmen hat seinen Sitz nicht im Silicon Valley?

a Alphabet (Google)

b Microsoft

c Apple

d Meta (Facebook)

9

Wie heißt der berühmte Handelsweg, der von Südarabien bis zum Mittelmeer führte?

Myrrheweg a

Teeroute b

Weihrauchstraße c

Bernsteinpfad d

10

Welches Land verfügt kaum über Rohstoffe und ist deshalb besonders stark von Importen abhängig?

Kanada a

Japan b

USA c

Russland d

11

Mehrere ehemalige Hansestädte sind daran zu erkennen, dass ihr Kfz-Kennzeichen mit einem »H« beginnt. Für welche ehemalige Hansestadt gilt das nicht?

Bremen a

Hamburg b

Kiel c

Lübeck d

12 Was wird mittels des umstrittenen »Frackings« gewonnen?

a Gold

b Eisen

c Erdgas

d Kupfer

13 Der Suezkanal konnte 2021 mehrere Tage lang nicht durchfahren werden.
Warum?

a Ein Tornado verhinderte die Durchfahrt.

b Kanalarbeiten führten zu einer Sperrung.

c Der Wasserstand war zu niedrig.

d Ein Schiff steckte fest.

14 In welchem Hafen werden die meisten Container umgeschlagen?

a Schanghai

b Busan

c Hamburg

d Rotterdam

15

Welcher Bodenschatz gab einer Oper von Richard Wagner den Namen (und ist, in sehr kleinen Mengen, durchaus auf dem Grund des Flusses zu finden)?

Wesererz **a**
Saalesilber **b**
Rheingold **c**
Mainkupfer **d**

VI.
DER KLIMAWANDEL: FLUTEN, DÜRREN, HITZEWELLEN

1 Venedig wurde immer wieder von schweren Überschwemmungen heimgesucht. Was soll dagegen helfen?

- **a** Reduzierung der Zahl der Gondeln
- **b** Bau von Dämmen an Land
- **c** Hochwassersperrwerk
- **d** Höherlegung des Straßenverkehrs

Wie heißt die Initiative von Klimaschützern, die unter anderem dadurch protestieren, dass sie sich an Straßen ankleben und damit den Verkehr blockieren? 2

Jugend von morgen **a**

Letzte Generation **b**

Kleben für Leben **c**

Schützt das Klima! **d**

Womit bekämpfen Länder wie Israel oder die Vereinigten Arabischen Emirate den zunehmenden Wassermangel hauptsächlich? 3

Wasserrationierungen **a**

Umleitung von Flüssen **b**

Meerwasserentsalzungsanlagen **c**

Einsatz von Wassertankschiffen aus Nordeuropa **d**

Was ist keine Folge der globalen Erwärmung? 4

Überschwemmung küstennaher Siedlungen in Bangladesch **a**

Wassermangel in Südeuropa **b**

Rückgang des Regenwalds in Indonesien **c**

Auftauen des Permafrostbodens in Sibirien **d**

5 Ordnen Sie die vier Städte Christchurch, Bagdad, Jakarta und Nuuk den folgenden Klimazonen zu:

Subpolare Zone:
Kühl gemäßigte Zone:
Subtropische Zone:
Tropische Zone:

6 Die Europäische Kommission stellte 2019 den »European Green Deal« vor. Was soll er bis 2050 erreichen?

a Nettoemission von Treibhausgasen auf null senken
b Anteil der Waldfläche in der EU verdoppeln
c Trinkwasserqualität in allen Flüssen sicherstellen
d Privat genutzte Autos abschaffen

7 Die Regierung welches Staates hat 2009 mit einer Kabinettssitzung unter Wasser öffentlichkeitswirksam auf die Folgen des Klimawandels aufmerksam gemacht?

a Malta
b Malediven
c Neuseeland
d Singapur

Welches Land verzichtet auf die Errichtung neuer Atomkraftwerke? 8

Frankreich a

Finnland b

Österreich c

Polen d

Die internationale Klimapolitik hat vereinbart, dass die Durchschnittstemperatur bis Ende dieses Jahrhunderts nicht zu stark steigen darf. Was ist das Ziel? Maximal 9

0 Grad a

2 Grad b

4 Grad c

6 Grad d

Welches Schicksal ereilte im Februar 2022 die Insel Wangerooge? 10

Die Dünen brannten. a

Eine Fähre kenterte im Sturm. b

Der Strand wurde weggespült. c

Eine Quallenplage verhinderte das Baden. d

11 »Vulkane schleudern jedes Jahr weit mehr Kohlendioxid in die Luft als die gesamte Menschheit.«
Stimmt's?

- **a** Ja, führende Wissenschaftler haben das herausgefunden.
- **b** Nein, die Emissionen von Vulkanen und Menschen sind ungefähr gleich.
- **c** Nein, diese Aussage ist falsch.
- **d** Kann schon sein, dazu gibt es keine Erkenntnisse.

12 In Deutschland lebt rund ein Prozent der Weltbevölkerung. Für wie viel Prozent der weltweiten Kohlendioxidemissionen ist Deutschland verantwortlich?

- **a** Ein Prozent
- **b** Zwei Prozent
- **c** Drei Prozent
- **d** Vier Prozent

13

Um wie viel stieg der Meeresspiegel laut dem Fünften Weltklimabericht des UNO-Ausschusses für Klimaänderungen zwischen 1901 und 2010? Rund

1,9 Zentimeter **a**

19 Zentimeter **b**

1,9 Meter **c**

19 Meter **d**

14

Neben dem natürlichen Treibhauseffekt existiert der sogenannte anthropogene. Wer ist dafür verantwortlich?

Fische **a**

Pflanzen **b**

Menschen **c**

Mond **d**

15

Nach welcher Stadt ist ein wichtiges Klimaschutzabkommen von 1997 benannt?

Kyoto **a**

Vancouver **b**

Chicago **c**

Kairo **d**

VII. REISEN: DIE SCHÖNSTE ZEIT DES JAHRES

HUT
CABIN
Schweizerhof
LONDON
AUSTRALIA
SCOTLAND
EYGPT

1 Im Frühjahr 2020 strandeten im Zuge der Coronapandemie Zehntausende deutscher Urlauber in der ganzen Welt. Das Auswärtige Amt organisierte den Rücktransport in die Heimat.
Wer zahlte den größten Teil der Kosten?

a Die Bundesregierung

b Die Urlaubsländer

c Die Fluglinien

d Die Urlauber

2 Wer organisierte 1841 in England die weltweit erste Pauschalreise?

a Charles Darwin

b Thomas Cook

c Queen Victoria

d Oliver Cromwell

3 Welches europäische Reiseland hat den Euro am 1. Januar 2023 eingeführt?

a Dänemark

b Schweiz

c Kroatien

d Polen

4

Zwischen 1786 und 1788 machte Johann Wolfgang von Goethe seine …

Französische Reise	a
Spanische Reise	b
Italienische Reise	c
Englische Reise	d

5 Ordnen Sie die vier folgenden Reiseziele in Israel nach ihrer jeweiligen Entfernung zum Mittelpunkt der Erde. Beginnen Sie mit dem Ort, der am höchsten liegt:

Haifa

Tiberias (am See Genezareth)

Jerusalem

En Bokek (am Toten Meer)

6 Sie sind passionierte Seglerin oder passionierter Segler und wollen einen entspannten Törn machen. Wo sollten Sie im Herbst besser nicht hinfahren?

a Dänische Südsee

b Dalmatische Küste

c Golf von Biskaya

d Finnischer Meerbusen

7 Sie machen eine Städtereise nach Wien. Was werden Sie dort vermissen?

a Burgtheater

b Schloss Schönbrunn

c Die Alpen

d Stephansdom

8

Sie machen eine Kreuzfahrt von Bergen nach Kirkenes im Norden Norwegens.
Auf welcher Strecke sind Sie unterwegs?

Postschiff-Route a

Walfänger-Tour b

Fjord-Exkursion c

Kaviar-Connection d

9

Wer gilt als Erfinder des Reiseführers?

Friedrich Arnold Brockhaus a

Conrad Ferdinand Meyer b

Carl Maria von Weber c

Karl Baedeker d

10

Welche deutsche Pilotin umrundete 1932 erstmals die Welt?

Melli Beese a

Elly Beinhorn b

Marga von Etzdorf c

Kerstin Felser d

11

Sie sind mit dem Auto unterwegs:
Welche Länder sind nicht durch Brücken miteinander verbunden?

a Dänemark und Schweden
b Malta und Italien
c Deutschland und Polen
d Liechtenstein und Schweiz

12

Welche Ostseeinsel wird schon seit der Kaiserzeit als »Badewanne Berlins« bezeichnet?

a Hiddensee
b Usedom
c Rügen
d Poel

13

Welches Urlaubsziel ist im Hochsommer wegen der dort herrschenden Mückenplage besonders gefürchtet?

a Finnland
b Bretagne
c Tunesien
d Cornwall

Sie machen eine Griechenlandreise. Welches der folgenden antiken Bauwerke finden Sie dort: 14

a

c

b

d

Welche Ortsnamen fehlen in den folgenden Liedtexten? 15

Es gibt kein Bier auf …

Wenn bei … die rote Sonne im Meer versinkt

Das ist die … Luft, Luft, Luft

Ich war noch niemals in …

VIII.
GEOGRAFIE DER VERKEHRSWEGE: STRASSEN, BAHNEN, KANÄLE

1 Die erste deutsche Autobahn führte von Köln nach Bonn. Wer hat sie eröffnet?

a Adolf Hitler
b Paul Hindenburg
c Konrad Adenauer
d Friedrich Ebert

2 Bei Magdeburg trifft der Mittellandkanal auf die Elbe. Womit überwindet er dieses Hindernis?

a Brücke
b Tunnel
c Schleuse
d Wasserkreuzung

3 Ordnen Sie die Länder Kroatien, Lettland, Spanien und Ungarn den folgenden Kfz-Länderkennzeichen zu:

E
LV
HR
H

Welche Wasserstraße wurde von Menschen angelegt? 4

Bosporus a

Nordwestpassage b

Beagle-Kanal c

Kanal von Korinth d

Von welcher deutschen Großstadt führt der kürzeste Weg nach Paris? 5

Frankfurt a

Hamburg b

Karlsruhe c

Köln d

Welches ist die älteste Eisenbahnstrecke Deutschlands? 6

Dortmund – Essen a

Nürnberg – Fürth b

Berlin – Potsdam c

Altona – Hamburg d

7 In welchem europäischen Land müssen Sie mit Ihrem Pkw keine Autobahngebühren entrichten?

a Italien

b Frankreich

c Schweiz

d Belgien

8 In welchem Land gibt es keinen Linksverkehr?

a Malta

b Griechenland

c Irland

d Zypern

9 Die legendäre Route 66 führte von Chicago nach …

a Massachusetts

b Kalifornien

c Florida

d New York City

10

Hier sind vier Mauern abgebildet, aber nur eine wurde errichtet, um die Menschen an der Flucht aus dem eigenen Land zu hindern. Welche?

11

1883 fuhr der Orient-Express erstmals nach Konstantinopel. Wo fuhr er ab?

a Berlin
b Madrid
c Paris
d Helsinki

12

Etliche europäische Eisenbahngesellschaften führten gemeinsam das Interrail-Ticket ein. Wann?

a 1952
b 1972
c 1992
d 2012

13

In welcher Stadt befindet sich – auf der Abbey Road – der berühmteste Zebrastreifen der Welt?

a Birmingham
b Glasgow
c Liverpool
d London

14

Welche Höchstgeschwindigkeit erreichte ein japanischer Shinkansen-Zug im Jahr 2015? Rund

300 km/h	**a**
400 km/h	**b**
500 km/h	**c**
600 km/h	**d**

15

Mit welchem Land soll Deutschland künftig durch einen langen Tunnel verbunden werden?

Niederlande	**a**
Großbritannien	**b**
Dänemark	**c**
Schweden	**d**

IX.
FINDEN SIE IHREN WEG! DIE KUNST DER ORIENTIERUNG

Bd. du Montparnasse
Bd. Edgar Quinet
Rue de Vaugirard
Bd. de Vaugirard
Bd. Pasteur
Avenue du Maine
R. du Château

1 Sie wollen von Frankfurt am Main nach Auckland in Neuseeland fliegen. Welches ist die kürzeste Entfernung?

a Über Dubai

b Über Hongkong

c Über San Francisco

d Über Singapur

2 Sie benutzen bei Ihrer Reise Landkarten mit unterschiedlichen Maßstäben. Welche Entfernung bildet ein Zentimeter auf den folgenden Karten ab:

1 : 800 000

1 : 350 000

1 : 150 000

1 : 25 000

3 Wie funktioniert ein Navigationssystem?

a Mit Satellitensignalen und hinterlegtem Kartenmaterial

b Mit Abstandssensoren und Handymasten

c Mit elektronischem Funkfeuer

d Mit digitalen Lichtschranken und Satellitenkontakt

4

Sie fahren mit dem ICE von Hamburg nach Zürich. Wie häufig müssen Sie im Idealfall umsteigen?

Gar nicht	a
Einmal	b
Zweimal	c
Dreimal	d

5

Wo ist der Abstand zwischen Sonnenaufgang und Sonnenuntergang am 21. Dezember am größten?

Bogotá	a
Kapstadt	b
Tokio	c
Oslo	d

6

Sie wollen mit dem Auto auf der Autobahn von Kiel nach München fahren. Durch wie viele Bundesländer müssen Sie mindestens fahren?

3	a
4	b
5	c
6	d

7 Sie befinden sich auf einer Wanderung, es ist kurz vor Sonnenuntergang, und Ihr Handyakku ist leer. Wie finden Sie Ihr Auto, das an einer Landstraße nördlich von Ihnen steht?

a Sie lassen die Sonne rechts liegen.

b Sie lassen die Sonne links liegen.

c Sie laufen in Richtung Sonne.

d Sie laufen von der Sonne weg.

8 Auf einer Weltreise fliegen Sie von Tokio ostwärts ins 6200 Kilometer entfernte Honolulu. Die Flugzeit beträgt knapp 8 Stunden, Sie starten am 1. Mai um 8 Uhr in Japan. Wann kommen Sie in Hawaii an?

a Am 30. April gegen 8 Uhr

b Am 30. April gegen 21 Uhr

c Am 1. Mai gegen 15 Uhr

d Am 1. Mai gegen 20 Uhr

9 Sie suchen den Polarstern. In welchem Sternbild finden Sie ihn?

a Krebs

b Orion

c Kleiner Bär

d Großer Bär

Sie spazieren in Ulm, um Ulm und dann um Ulm herum. In welchem Mittelgebirge bewegen Sie sich? **10**

Fichtelgebirge a

Schwäbische Alb b

Harz c

Rhön d

11

Als Außerirdischer landen Sie auf der Erde. Welche Muttersprache beherrscht der erste Mensch, den Sie treffen, am wahrscheinlichsten?

a Englisch
b Hindi
c Mandarin
d Spanisch

12

Sie wollen sich ausschließlich per Zug fortbewegen. Welche Hauptstadt ist aus Deutschland erst seit 1994 auf diese Weise erreichbar?

a Lissabon
b Warschau
c London
d Athen

13

Sie möchten an Meisterschaften im Orientierungslauf teilnehmen. Was dürfen Sie nicht zur Orientierung verwenden?

a Kompass
b Sonnenstand
c Karte
d GPS-Uhr

14

Was nutzte Christoph Kolumbus nicht für die Navigation?

Kompass a

Winkelmesser b

Chronometer c

Sterne d

15

Fliegt man von München nach Westen, landet man ungefähr in …

Seattle a

Los Angeles b

Mexiko-Stadt c

Managua d

X. LANDSCHAFTEN DER FANTASIE

1 Wohin fährt der Zug von Bahnsteig 9 ¾?

a Taka-Tuka-Land

b Schlaraffenland

c Hogwarts

d Liliput

2 Welche Oper von Giuseppe Verdi wurde 1869 bei der Eröffnung des Suezkanals aufgeführt?

a Rigoletto

b Aida

c La Traviata

d Nabucco

3 Stationen der Odyssee. Ordnen Sie den Schauplätzen des Epos jeweils den Namen des Landes zu, in dem sie heute zu finden sind:

Troja:

Ithaka:

Die Meerenge von Skylla und Charybdis:

Höhle der Calypso:

Wofür halten Verschwörungstheoretiker die Kondensstreifen am Himmel? **4**

Magmaströme **a**

Chemtrails **b**

Atomstrahlen **c**

Wolken aus Wasserdampf und Abgasen **d**

Vier Bücher, vier Kontinente. Auf welchem Kontinent spielt **5**

Joseph Conrads »Herz der Finsternis«?

Cormac McCarthys »All die schönen Pferde«?

Fjodor Dostojewskis »Der Spieler«?

Marguerite Duras' »Der Liebhaber«?

In welchem europäischen Land spielt Karl Mays Roman »Durch das Land der Skipetaren«? **6**

Nordmazedonien **a**

Serbien **b**

Albanien **c**

Kroatien **d**

7 Der Held in Jules Vernes Roman »In 80 Tagen um die Welt« nimmt an, er hätte die geplante Reisezeit von 80 Tagen um fünf Minuten überschritten. Warum irrt er sich?

a Er hatte Sommer- und Winterzeit verwechselt.

b Er hatte seine Uhr verloren.

c Seine Uhr ging ungenau.

d Durch die Überschreitung der Datumsgrenze nach Osten hatte er einen Tag weniger gebraucht als gedacht.

8 Wo endet der Spielfilm »Brot und Tulpen« von Silvio Soldini mit Bruno Ganz in der Hauptrolle?

a Rom

b Venedig

c Genua

d Mailand

9 Was ist das beliebteste Verkehrsmittel auf der Insel Lummerland?

a Eisenbahn

b Auto

c Fahrrad

d Flugzeug

Wer begegnet auf einem Planeten einem Geografen? 10

Der kleine Lord a
Arthur Dent b
Der kleine Prinz c
Kris Kelvin d

In welcher Stadt spielt der US-Film »Lost in Translation« mit Bill Murray und Scarlett Johansson? 11

San Francisco a
Bangkok b
Tokio c
Peking d

Der bekannteste Kontinent der Welt von J. R. R. Tolkien heißt … 12

Nebenerde a
Haupterde b
Mittelerde c
Untererde d

13 Das Dorf von Asterix und Obelix, das den Römern trotzt, liegt im heutigen …

a Spanien.

b Frankreich.

c Großbritannien.

d Italien.

14

Die Welt von Minecraft, einem der erfolgreichsten Computerspiele, besteht vor allem aus …

Würfeln. **a**

Pyramiden. **b**

Kegeln. **c**

Kugeln. **d**

15

Warum endet das mythische Reich Atlantis angeblich von einem Tag auf den anderen?

Es explodierte. **a**

Es ging unter. **b**

Es wurde erobert. **c**

Es kapitulierte. **d**

DIE AUFLÖSUNG

I. Erdgeschichte und Entdeckungen

Die Erde ist rund, aber … 1

c an den Polen leicht abgeflacht.

Christoph Kolumbus erreichte 1492 erstmals Amerika. Welches Land glaubte er gefunden zu haben? 2

d Indien

Wie viel Prozent der Erdoberfläche sind nicht von Wasser bedeckt? Rund 3

b 30 Prozent

Wo wurden die Überreste der Stadt Rungholt entdeckt, die durch eine Sturmflut im 14. Jahrhundert zerstört worden war? 4

b Im Nordfriesischen Wattenmeer

Wann bildete sich die Meerenge zwischen dem europäischen Kontinent und dem heutigen Großbritannien? 5

b Vor 6500 Jahren

Wie entstand die heutige Form des griechischen Archipels Santorin? 6

d Durch einen Vulkanausbruch im 16. Jahrhundert

7 Wie heißt der sogenannte Urkontinent, aus dem sich die heutigen Kontinente vor etwa 250 Millionen Jahren gebildet haben?

a Pangäa

8 Welcher Polarforscher erreichte 1911 als erster Mensch den Südpol?

c Roald Amundsen

9 Welchem Wissenschaftler wird die Entdeckung zugeschrieben, dass die Erde keine Scheibe ist?

b Pythagoras. Der griechische Philosoph und Mathematiker Pythagoras (geboren um 570 v. Chr.) ging in seinen Berechnungen von einer Kugelform der Erde aus. Den ersten Beweis, dass die Erde rund ist, erbrachte der Philosoph und Naturforscher Aristoteles (384–322 v. Chr.).

10 Der Erdumfang beträgt etwa 40 000 Kilometer. Wie tief müsste man bohren, um einmal durch den Mittelpunkt der Erde zur anderen Seite zu kommen? Etwa

b 12 700 Kilometer

Wer entdeckte 1871 den verschollen geglaubten Afrikaforscher David Livingstone in der Nähe des Tanganjikasees? 11

c **Henry Morton Stanley.** Im Auftrag seiner Zeitung, des »New York Herald«, hatte sich der britisch-amerikanische Journalist Stanley auf die Suche nach dem seit mehreren Jahren vermissten schottischen Missionar und Afrikaforscher Livingstone gemacht. Er fand ihn schließlich im Dorf Ujiji.

Jeanne Baret umsegelte ab 1766 als vermutlich erste Frau die Welt. Wie gelang ihr das? 12

a **Sie verkleidete sich als Mann.** Baret war eine französische Naturforscherin und Botanikerin. Zwischen 1766 und 1769 nahm sie an einer Expedition der französischen Marine in den Südpazifik teil. Frauen waren auf den Schiffen nicht zugelassen.

Von wo nach wo fuhr der norwegische Abenteurer und Forscher Thor Heyerdahl 1947 mit seinem Floß Kon-Tiki? 13

b **Von Peru nach Polynesien.** Heyerdahl wollte beweisen, dass die ersten Einwohner der polynesischen Inseln aus Südamerika gekommen waren, und nutzte für seine Expedition ein Floß aus Balsaholz, das den technischen Möglichkeiten präkolumbischer indigener Stämme entsprach.

14 Wie lautet der Titel des monumentalen Werks Alexander von Humboldts?

c Kosmos

15 Welchen Anteil der Erdoberfläche bedeckt Europa? Rund

b Ein Fünfzigstel

II. Die Ordnung der Welt

1 Vom Nullmeridian wird die geografische Länge nach Westen und Osten gezählt. Durch welche Stadt verläuft er?

b London

2 Welches Land zählt erst seit 1957 zur Bundesrepublik?

a Saarland

3 Viele Schülerinnen und Schüler kennen den Diercke Weltatlas. Wann erschien die Erstausgabe?

c 1883

4 Von wo nach wo führt die antike Straße Via Appia?

a Von Rom nach Brindisi

In Brasilien ist Portugiesisch eine Amtssprache, in vielen anderen Teilen Südamerikas hingegen Spanisch. Warum? 5

c **Weil der Papst eine entsprechende Trennlinie bestätigte.** 1493 hatte Papst Alexander VI. eine von Norden nach Süden verlaufende Trennlinie festgelegt, die die Interessensphären der Kolonialmächte Spanien und Portugal auf der südlichen Halbkugel bestimmte. Im Vertrag von Tordesillas von 1494 wurde diese Linie nach Westen verlegt, sodass große Teile des heutigen Brasiliens unter portugiesische und der Rest Südamerikas unter spanische Herrschaft gelangten.

West-Berlin bestand bis zur Wiedervereinigung aus drei Sektoren. Welcher gehörte nicht dazu? Der 6

d **Sowjetische.** Ost-Berlin, die Hauptstadt der DDR, stand unter sowjetischer Kontrolle.

Welcher Staat ist völkerrechtlich umstritten? 7

d Palästina

Welches Land Afrikas war 1914 keine deutsche Kolonie? 8

c Algerien

9 Im Sommer 1989 entstand ein erstes Loch im sogenannten Eisernen Vorhang, durch das DDR-Bürger in den Westen gelangen konnten. Welches Ostblockland öffnete damals seine Grenzen in welches westliche Land?

c Ungarn / Österreich

10 Welche Voraussetzung musste Spanien erfüllen, um 1986 Mitglied der Europäischen Gemeinschaft zu werden?

b Demokratische Verfassung nach Franco-Diktatur

11 Welcher sozialistische Staat wurde nach dem Ende des Kommunismus in Europa nicht in Einzelstaaten aufgelöst?

a Ungarn

12 An welches afrikanische Land haben deutsche Museen die während der Kolonialzeit geraubten Benin-Bronzen zurückgegeben?

b Nigeria. Das bis zum späten 19. Jahrhundert existierende Königreich Benin lag auf dem Territorium des heutigen Staates Nigeria und nicht im Nachbarstaat Benin.

Im sogenannten Afrikanischen Jahr erhielten 18 Kolonien die Unabhängigkeit von ihren Kolonialmächten. Wann war das? 13

b 1960

Wie viele Längen- und Breitengrade gibt es? 14

d 360 Längengrade, 180 Breitengrade

Wer schuf 1569 eine berühmte Weltkarte? 15

c Gerhard Mercator

III. Staaten, Grenzen, Bündnisse

Welches Land betrachtet den britischen König nicht als sein Staatsoberhaupt? 1

a Indien

Die föderalen Staaten USA, Großbritannien, Deutschland und Kanada bestehen jeweils aus einer Anzahl von Teilstaaten, Ländern, Provinzen oder Territorien. Welche Zahl passt zu welcher Nation? 2

4 = **Großbritannien** (vier Landesteile)

13 = **Kanada** (zehn Provinzen und drei Territorien)

16 – **Deutschland** (16 Bundesländer)

50 = **USA** (50 Staaten)

3 Welches Land ist keine ehemalige Sowjetrepublik?

a Mongolei

4 Wie wurde Alaska zu einem Teil der Vereinigten Staaten von Amerika?

d Die USA erwarben die Kolonie des Russischen Kaiserreichs im Jahre 1867.

5 Sie spielen »Stadt, Land, Fluss« und sollen für die folgenden vier Buchstaben des Alphabets jeweils den deutschen Namen eines Nationalstaats nennen. Mit welchem Buchstaben können Sie nicht beginnen?

c X. Mögliche Lösungen für die anderen genannten Buchstaben sind Argentinien, Jemen, Zypern.

6 Welche Paarung passt nicht in diese Reihe?

a Krakau / Danzig. Diese beiden Städte sind weder Regierungssitz noch Hauptstadt Polens.

7 Ordnen Sie die bevölkerungsreichsten Länder der Europäischen Union nach ihrer Fläche:

Frankreich (**1**)

Spanien (**2**)

Deutschland (**3**)

Italien (**4**)

Der kleinste Staat der Welt ist mit 0,44 Quadratkilometern … 8

c Vatikanstadt

Die Zeichnung zeigt die Umrisse eines Landes. Um welches Land handelt es sich? 9

b Kolumbien

Welcher dieser Staaten hat die meisten Nachbarländer? 10

c China. China grenzt an 14 Nachbarländer.

Der UNO gehören fast alle Staaten an. Wo hat die Organisation ihren Hauptsitz? 11

a New York City

Welcher Staat gehört nicht der Europäischen Union an? 12

d Norwegen

Wo liegt die deutsche Exklave Büsingen? 13

b Schweiz

Welcher dieser Staaten gehörte 2022 der NATO an? 14

a Türkei

Wie lang war die innerdeutsche Grenze zwischen der Bundesrepublik und der DDR ungefähr? Knapp 15

d 1400 Kilometer

IV. Berge, Meere, Flüsse

1 Sie sehen hier die Abbildung eines Gewässers. Um welchen Fluss handelt es sich?

d Saar

2 Welche großen Wasserfälle frieren im Winter teilweise zu?

b Niagarafälle in Nordamerika

3 Die Donau durchfließt oder berührt zehn Länder – mehr als jeder andere Fluss Europas. Welches gehört nicht dazu?

b Russland

4 Wo befinden sich die tiefsten Stellen der Erde?

a Pazifik. Der Marianengraben im westlichen Pazifischen Ozean ist mit einer maximalen Tiefe von rund 11 000 Metern die tiefste Stelle der Weltmeere.

5 Welches der genannten Skigebiete liegt in Deutschland?

c Winterberg

6 Welcher Berg wurde kürzlich neu berechnet und ist nun einen Meter höher?

c Mount Everest

In welchem Teil des Mittelmeers liegen keine griechischen Inseln? 7

a Tyrrhenisches Meer

Der südlichste Punkt von Afrika befindet sich am 8

a Kap Agulhas. Das Kap Agulhas liegt östlich des Kaps der Guten Hoffnung.

Wo ist der Tidenhub, also der Unterschied zwischen Ebbe und Flut, am größten? 9

d Bretagne / Atlantik

Welche Insel liegt nicht in der Nordsee? 10

c Wolin. Wolin ist eine polnische Insel im Mündungsgebiet der Oder.

Ordnen Sie die folgenden Meere und Seen nach ihrem Salzgehalt: 11

Totes Meer (**1**)

Rotes Meer (**2**)

Nordatlantik (**3**)

Baikalsee (**4**)

Was sehen Sie auf diesem Foto? 12

b Burg Hohenzollern

13 Welche beiden europäischen Hauptstädte wurden jeweils auf sieben Hügeln errichtet?

c Lissabon und Rom

14 Sortieren Sie deutsche Nationalparks nach ihrer Größe:

Müritz (**1**) (32 200 Hektar)

Bayerischer Wald (**2**) (24 850 Hektar)

Eifel (**3**) (10 770 Hektar)

Jasmund (**4**) (3003 Hektar)

15 Welcher geografische Einschnitt markiert die Grenze zwischen Europa und Asien?

c Der Ural

V. Bodenschätze, Handelswege, Wirtschaftssysteme

1 Welches Land war bei der Gründung der Europäischen Wirtschaftsgemeinschaft 1957 nicht dabei?

c Großbritannien

2 Welches Land der Welt hat die größten bekannten Erdölreserven?

a Venezuela

Welches internationale Wirtschaftsbündnis existiert 3
nicht mehr?

d **COMECON.** Es handelt sich um die bis 1991 bestehende Wirtschaftsorganisation des Ostblocks.

In welchem Land wird das für die Herstellung von 4
Mobiltelefonen notwendige Erz Coltan hauptsächlich abgebaut?

a **Demokratische Republik Kongo**

China will seine Waren auf der »Neuen Seidenstraße« 5
weltweit exportieren. Welcher Kontinent ist nicht Teil dieses großen Infrastrukturprojekts?

c **Amerika**

Kartoffeln (1), Tomaten (2), Sojasprossen (3) und Gar- 6
tenerdbeeren (4) sind einst aus fernen Ländern nach Europa gekommen. Bitte ordnen Sie die Nutzpflanzen den folgenden Regionen zu:

Mittelamerika: **2 (Tomaten)**

Asien: **3 (Sojasprossen)**

Südamerika: **1 (Kartoffeln)**

Nordamerika: **4 (Gartenerdbeeren)**

Welches Land der Welt hat die größten bekannten Gold- 7
reserven?

d **Australien**

8 Welches große IT-Unternehmen hat seinen Sitz nicht im Silicon Valley?

b Microsoft. Der Hauptsitz liegt in Redmond im US-Bundesstaat Washington.

9 Wie heißt der berühmte Handelsweg, der von Südarabien bis zum Mittelmeer führte?

c Weihrauchstraße

10 Welches Land verfügt kaum über Rohstoffe und ist deshalb besonders stark von Importen abhängig?

b Japan

11 Mehrere ehemalige Hansestädte sind daran zu erkennen, dass ihr Kfz-Kennzeichen mit einem »H« beginnt. Für welche ehemalige Hansestadt gilt das nicht?

c Kiel

12 Was wird mittels des umstrittenen »Frackings« gewonnen?

c Erdgas

13 Der Suezkanal konnte 2021 mehrere Tage lang nicht durchfahren werden. Warum?

d Ein Schiff steckte fest.

In welchem Hafen werden die meisten Container 14
umgeschlagen?

a Schanghai

Welcher Bodenschatz gab einer Oper von Richard 15
Wagner den Namen (und ist, in sehr kleinen Mengen, durchaus auf dem Grund des Flusses zu finden)?

c Rheingold

VI. Der Klimawandel: Fluten, Dürren, Hitzewellen

Venedig wurde immer wieder von schweren Über- 1
schwemmungen heimgesucht. Was soll dagegen helfen?

c Hochwasser-Sperrwerk

Wie heißt die Initiative von Klimaschützern, die unter 2
anderem dadurch protestieren, dass sie sich an Straßen ankleben und damit den Verkehr blockieren?

b Letzte Generation

Womit bekämpfen Länder wie Israel oder die Vereinig- 3
ten Arabischen Emirate den zunehmenden Wassermangel hauptsächlich?

c Meerwasserentsalzungsanlagen

4 Was ist keine Folge der globalen Erwärmung?

c Rückgang des Regenwalds in Indonesien

5 Ordnen Sie die vier Städte Christchurch, Bagdad, Jakarta und Nuuk den folgenden Klimazonen zu:

Subpolare Zone: **Nuuk** (Grönland)

Kühl gemäßigte Zone: **Christchurch** (auf der Südinsel von Neuseeland)

Subtropische Zone: **Bagdad** (Irak)

Tropische Zone: **Jakarta** (Indonesien)

6 Die Europäische Kommission stellte 2019 den »European Green Deal« vor. Was soll er bis 2050 erreichen?

a Nettoemission von Treibhausgasen auf null senken

7 Die Regierung welches Staates hat 2009 mit einer Kabinettssitzung unter Wasser öffentlichkeitswirksam auf die Folgen des Klimawandels aufmerksam gemacht?

b Malediven

8 Welches Land verzichtet auf die Errichtung neuer Atomkraftwerke?

c Österreich

Die internationale Klimapolitik hat vereinbart, dass die Durchschnittstemperatur bis Ende dieses Jahrhunderts nicht zu stark steigen darf. Was ist das Ziel? Maximal 9

b 2 Grad

Welches Schicksal ereilte im Februar 2022 die Insel Wangerooge? 10

c Der Strand wurde weggespült. Durch die hohe Brandung infolge schwerer Winterstürme.

»Vulkane schleudern jedes Jahr weit mehr Kohlendioxid in die Luft als die gesamte Menschheit.« Stimmt's? 11

c Nein, diese Aussage ist falsch. Laut Umweltbundesamt hat allein Deutschland im Jahr 2020 etwa doppelt so viel Kohlendioxid freigesetzt wie alle Vulkane zusammen.

In Deutschland lebt rund ein Prozent der Weltbevölkerung. Für wie viel Prozent der weltweiten Kohlendioxidemissionen ist Deutschland verantwortlich? 12

b Zwei Prozent

Um wie viel stieg der Meeresspiegel laut dem Fünften Weltklimabericht des UNO-Ausschusses für Klimaänderungen zwischen 1901 und 2010? Rund 13

b 19 Zentimeter

14 Neben dem natürlichen Treibhauseffekt existiert der sogenannte anthropogene. Wer ist dafür verantwortlich?

c Menschen

15 Nach welcher Stadt ist ein wichtiges Klimaschutzabkommen von 1997 benannt?

a Kyoto

VII. Reisen: Die schönste Zeit des Jahres

1 Im Frühjahr 2020 strandeten im Zuge der Coronapandemie Zehntausende deutscher Urlauber in der ganzen Welt. Das Auswärtige Amt organisierte den Rücktransport in die Heimat. Wer zahlte den größten Teil der Kosten?

a Die Bundesregierung

2 Wer organisierte 1841 in England die weltweit erste Pauschalreise?

b Thomas Cook. Am 5. Juli 1841 veranstaltete der Engländer Thomas Cook eine elf Meilen lange Eisenbahnreise für etwa 500 Menschen, die Versorgung mit Tee und Schinkenbroten war im Reisepreis von einem Shilling inbegriffen.

Welches europäische Reiseland hat den Euro am 3
1. Januar 2023 eingeführt?

c **Kroatien**

Zwischen 1786 und 1788 machte Johann Wolfgang von 4
Goethe seine

c **Italienische Reise**

Ordnen Sie die vier folgenden Reiseziele in Israel nach 5
ihrer jeweiligen Entfernung zum Mittelpunkt der Erde. Beginnen Sie mit dem Ort, der am höchsten liegt:

Jerusalem (**1**) Die Stadt liegt 754 Meter über dem Meeresspiegel.

Haifa (**2**) Die Stadt liegt am Mittelmeer, also auf Höhe des Meeresspiegels.

Tiberias (am See Genezareth) (**3**) Der See Genezareth liegt 212 Meter unterhalb des Meeresspiegels.

En Bokek (am Toten Meer) (**4**) Das Tote Meer liegt etwa 430 Meter unter dem Meeresspiegel.

Sie sind passionierte Seglerin oder passionierter Segler 6
und wollen einen entspannten Törn machen. Wo sollten Sie im Herbst besser nicht hinfahren?

c **Golf von Biskaya.** Dieser Teil des Atlantiks ist wegen seiner Stürme gefürchtet.

7 Sie machen eine Städtereise nach Wien. Was werden Sie dort vermissen?

c Die Alpen

8 Sie machen eine Kreuzfahrt von Bergen nach Kirkenes im Norden Norwegens. Auf welcher Strecke sind Sie unterwegs?

a Postschiff-Route

9 Wer gilt als Erfinder des Reiseführers?

d Karl Baedeker

10 Welche deutsche Pilotin umrundete 1932 erstmals die Welt?

b Elly Beinhorn. Einen Teil der Strecke bewältigte sie per Schiff.

11 Sie sind mit dem Auto unterwegs: Welche Länder sind nicht durch Brücken miteinander verbunden?

b Malta und Italien

12 Welche Ostseeinsel wird schon seit der Kaiserzeit als »Badewanne Berlins« bezeichnet?

b Usedom

13 Welches Urlaubsziel ist im Hochsommer wegen der dort herrschenden Mückenplage besonders gefürchtet?

a Finnland

Sie machen eine Griechenlandreise. Welches der folgenden antiken Bauwerke finden Sie dort: 14

c Es handelt sich um das Amphitheater in Epidauros auf der Peleponnes. Bild a zeigt das Kolosseum in Rom, Bild b die Porta Nigra in Trier, Bild d das Maison Carrée in Nîmes.

Welche Ortsnamen fehlen in den folgenden Liedtexten? 15

Es gibt kein Bier auf **Hawaii**

Wenn bei **Capri** die rote Sonne im Meer versinkt

Das ist die **Berliner** Luft, Luft, Luft

Ich war noch niemals in **New York**

VIII. Geografie der Verkehrswege: Straßen, Bahnen, Kanäle

Die erste deutsche Autobahn führte von Köln nach Bonn. Wer hat sie eröffnet? 1

c Konrad Adenauer. Der spätere Bundeskanzler war damals, 1932, Oberbürgermeister von Köln.

Bei Magdeburg trifft der Mittellandkanal auf die Elbe. Womit überwindet er dieses Hindernis? 2

a Brücke

3 Ordnen Sie die Länder Kroatien, Lettland, Spanien und Ungarn den folgenden Kfz-Länderkennzeichen zu:

E = **Spanien**

LV = **Lettland**

HR = **Kroatien**

H = **Ungarn**

4 Welche Wasserstraße wurde von Menschen angelegt?

d Kanal von Korinth

5 Von welcher deutschen Großstadt führt der kürzeste Weg nach Paris?

d Köln

6 Welches ist die älteste Eisenbahnstrecke Deutschlands?

b Nürnberg – Fürth

7 In welchem europäischen Land müssen Sie mit Ihrem Pkw keine Autobahngebühren entrichten?

d Belgien

8 In welchem Land gibt es keinen Linksverkehr?

b Griechenland

9 Die legendäre Route 66 führte von Chicago nach …

b Kalifornien. Die 1926 eingerichtete Fernstraße ist heute noch zu mehr als 80 Prozent befahrbar.

Hier sind vier Mauern abgebildet, aber nur eine wurde 10
errichtet, um die Menschen an der Flucht aus dem eigenen Land zu hindern. Welche?

c Es handelt sich um die zwischen 1961 und 1989 bestehende **Berliner Mauer.** Bild a zeigt die Mauer an der US-Grenze zu Mexiko, Bild b die Mauer zwischen Israel und den palästinensischen Gebieten, Bild d die Chinesische Mauer.

1883 fuhr der Orient-Express erstmals nach Konstanti- 11
nopel. Wo fuhr er ab?

c **Paris**

Etliche europäische Eisenbahngesellschaften führten 12
gemeinsam das Interrail-Ticket ein. Wann?

b **1972**

In welcher Stadt befindet sich – auf der Abbey Road – 13
der berühmteste Zebrastreifen der Welt?

d **London.** Im Stadtbezirk City of Westminster – dort liegen die Tonstudios der EMI, in denen die meisten Aufnahmen der Beatles entstanden.

Welche Höchstgeschwindigkeit erreichte ein japani- 14
scher Shinkansen-Zug im Jahr 2015? Rund

d **600 km/h**

15 Mit welchem Land soll Deutschland künftig durch einen langen Tunnel verbunden werden?

c **Dänemark**

IX. Finden Sie Ihren Weg! Die Kunst der Orientierung

1 Sie wollen von Frankfurt am Main nach Auckland in Neuseeland fliegen. Welches ist die kürzeste Entfernung?

b **Über Hongkong.** Die Flugstrecke über Hongkong beträgt etwa 18 300 Kilometer, die über Singapur 18 700, über San Francisco 19 600 und über Dubai 19 000 Kilometer.

2 Sie benutzen bei Ihrer Reise Landkarten mit unterschiedlichen Maßstäben. Welche Entfernung bildet ein Zentimeter auf den folgenden Karten ab:

1 : 800 000 = **8 Kilometer**

1 : 350 000 = **3,5 Kilometer**

1 : 150 000 = **1,5 Kilometer**

1 : 25 000 = **250 Meter**

3 Wie funktioniert ein Navigationssystem?

a **Mit Satellitensignalen und hinterlegtem Kartenmaterial**

Sie fahren mit dem ICE von Hamburg nach Zürich. 4
Wie häufig müssen Sie im Idealfall umsteigen?

a **Gar nicht.** Die Strecke wird von der Deutschen Bahn mehrmals am Tag durchgehend befahren.

Wo ist der Abstand zwischen Sonnenaufgang und Son- 5
nenuntergang am 21. Dezember am größten?

b **Kapstadt.** Mit gut 14 Stunden Tageslicht ist der 21. Dezember der längste Tag des Jahres in Kapstadt. Die anderen Städte liegen auf der Nordhalbkugel und befinden sich zu dieser Zeit im Winter.

Sie wollen mit dem Auto auf der Autobahn von Kiel 6
nach München fahren. Durch wie viele Bundesländer müssen Sie mindestens fahren?

c **5.** Durch Schleswig-Holstein, Hamburg, Niedersachsen, Hessen und Bayern. Sie könnten zwar an Hamburg vorbeifahren, müssten dazu aber die Autobahn verlassen.

Sie befinden sich auf einer Wanderung, es ist kurz vor 7
Sonnenuntergang, und Ihr Handyakku ist leer. Wie finden Sie Ihr Auto, das an einer Landstraße nördlich von Ihnen steht?

b **Sie lassen die Sonne links liegen.** Zu dieser Tageszeit steht die Sonne im Westen.

8 Auf einer Weltreise fliegen Sie von Tokio ostwärts ins 6200 Kilometer entfernte Honolulu. Die Flugzeit beträgt knapp 8 Stunden, Sie starten am 1. Mai um 8 Uhr in Japan. Wann kommen Sie in Hawaii an?

b Am 30. April gegen 21 Uhr. Wegen der Datumsgrenze im Pazifik liegt Tokio 19 Stunden vor Honolulu.

9 Sie suchen den Polarstern. In welchem Sternbild finden Sie ihn?

c Kleiner Bär

10 Sie spazieren in Ulm, um Ulm und um Ulm herum. In welchem Mittelgebirge bewegen Sie sich?

b Schwäbische Alb

11 Als Außerirdischer landen Sie auf der Erde. Welche Muttersprache beherrscht der erste Mensch, den Sie treffen, am wahrscheinlichsten?

c Mandarin

12 Sie wollen sich ausschließlich per Zug fortbewegen. Welche Hauptstadt ist aus Deutschland erst seit 1994 auf diese Weise erreichbar?

c London. Durch den damals eröffneten Kanaltunnel.

Sie möchten an Meisterschaften im Orientierungslauf 13
teilnehmen. Was dürfen Sie nicht zur Orientierung verwenden?

d GPS-Uhr

Was nutzte Christoph Kolumbus nicht für die Naviga- 14
tion?

c Chronometer. Dieses Instrument wurde erst seit dem späten 18. Jahrhundert auf Schiffen eingesetzt.

Fliegt man von München nach Westen, landet man 15
ungefähr in …

a Seattle. Die Stadt liegt im Staat Washington im Nordwesten der USA.

X. Landschaften der Fantasie

Wohin fährt der Zug von Bahnsteig 9 ¾? 1

c Hogwarts. Der Bahnsteig wird erstmals im ersten Band der Harry-Potter-Romane (»Harry Potter und der Stein der Weisen«) von Joanne K. Rowling erwähnt.

Welche Oper von Giuseppe Verdi wurde 1869 bei der 2
Eröffnung des Suezkanals aufgeführt?

a Rigoletto. Die für diesen Zweck geplante Oper Aida war nicht rechtzeitig fertig geworden.

3 Stationen der Odyssee. Ordnen Sie den Schauplätzen des Epos jeweils den Namen des Landes zu, in dem sie heute zu finden sind:

Troja: **Türkei**

Ithaka: **Griechenland**

Die Meerenge von Skylla und Charybdis: **Italien**

Höhle der Calypso: **Malta.** Die Lokalisierung der Höhle auf der maltesischen Insel Gozo beruht allerdings nur auf einer Legende.

4 Wofür halten Verschwörungstheoretiker die Kondensstreifen am Himmel?

b Chemtrails

5 Vier Bücher, vier Kontinente. Auf welchem Kontinent spielt

Joseph Conrads »Herz der Finsternis«? **Afrika**

Cormac McCarthys »All die schönen Pferde«? **Amerika**

Fjodor Dostojewskis »Der Spieler«? **Europa**

Marguerite Duras' »Der Liebhaber«? **Asien**

6 In welchem europäischen Land spielt Karl Mays Roman »Durch das Land der Skipetaren«?

c Albanien

Der Held in Jules Vernes Roman »In 80 Tagen um die Welt« nimmt an, er hätte die geplante Reisezeit von 80 Tagen um fünf Minuten überschritten. Warum irrt er sich? 7

d Durch die Überschreitung der Datumsgrenze nach Osten hatte er einen Tag weniger benötigt als gedacht.

Wo endet der Spielfilm »Brot und Tulpen« von Silvio Soldini mit Bruno Ganz in der Hauptrolle? 8

b Venedig

Was ist das beliebteste Verkehrsmittel auf der Insel Lummerland? 9

a Eisenbahn

Wer begegnet auf einem Planeten einem Geografen? 10

c Der kleine Prinz

In welcher Stadt spielt der US-Film »Lost in Translation« mit Bill Murray und Scarlett Johansson? 11

c Tokio

Der bekannteste Kontinent der Welt von J. R. R. Tolkien heißt … 12

c Mittelerde

13 Das Dorf von Asterix und Obelix, das den Römern trotzt, liegt im heutigen …

b Frankreich

14 Die Welt von Minecraft, einem der erfolgreichsten Computerspiele, besteht vor allem aus …

a Würfeln

15 Warum endet das mythische Reich Atlantis angeblich von einem Tag auf den anderen?

b Es ging unter.

Das Ergebnis

Meine Punktzahl

I.	Erdgeschichte und Entdeckungen	
II.	Die Ordnung der Welt	
III.	Staaten, Grenzen, Bündnisse	
IV.	Berge, Meere, Flüsse	
V.	Bodenschätze, Handelswege, Wirtschaftssysteme	
VI.	Der Klimawandel: Fluten, Dürren, Hitzewellen	
VII.	Reisen: Die schönste Zeit des Jahres	
VIII.	Geografie der Verkehrswege: Straßen, Bahnen, Kanäle	
IX.	Finden Sie Ihren Weg! Die Kunst der Orientierung	
X.	Landschaften der Fantasie	
	Punkte insgesamt	

0–25 Punkte: Aller Anfang ist schwer

Erdkunde war jetzt nicht gerade Ihr Lieblingsfach, vermuten wir mal. Und vielleicht reicht es Ihnen zu wissen, wie ein Navi funktioniert. Nun denn, das nennt man wohl pragmatisch, und damit kommt man heutzutage wahrscheinlich auch ganz gut durch den Alltag – nur eben nicht durch diesen fiesen Test. Das tut uns leid. Wir hoffen sehr, dass Sie trotzdem ein wenig Freude mit dem Buch hatten.

26–50 Punkte: Könnte schlimmer sein

Haben wir es Ihnen zu schwer gemacht? Offenbar ein bisschen. Seien Sie bitte nicht zu kritisch mit sich, immerhin haben Sie bis zum Ende durchgehalten und einiges gewusst. Wenn es Ihnen hilft, schimpfen Sie einfach ein bisschen mit uns, manche Fragen waren wirklich gemein. Oder sehen Sie Ihr Ergebnis als Einladung zum Träumen: Wohin könnte die nächste Reise gehen?

51–75 Punkte: Das muss man erst mal schaffen

Das Glas ist fast halb voll! Ihr Ergebnis ist jedenfalls mehr als ordentlich, die meisten Leserinnen und Leser dürften etwa in diesem Bereich landen. Wie Sie Ihre Geografiekenntnisse noch verbessern können? Vielleicht ab und zu mal eine Reise mit einer Landkarte planen. Oder in den Fernsehnachrichten oder der Zeitung die Karten genau anschauen, die dort gezeigt werden – das könnte Ihnen den einen oder anderen Punkt mehr bescheren.

76–100 Punkte: Wer hätte das gedacht?

Sie haben mehr als die Hälfte aller Fragen richtig beantwortet. Kompliment, das ist eine wirklich gute Leistung! Jetzt müssen Sie nur noch herausfinden, wo Sie die meisten Fehler gemacht haben. Fehlt es Ihnen an geografischem Wissen oder an praktischer Orientierung? Mit ein bisschen Anstrengung lässt sich das alles noch ausbauen. Hoffentlich haben wir Ihr Interesse geweckt!

101–125 Punkte: Ein bisschen gemogelt? Oder wirklich gut!

Wenn Sie dieses Ergebnis tatsächlich ohne technische Hilfsmittel – sprich: Google – erzielt haben, dann können Sie stolz auf sich sein. Mindestens zwei von drei Fragen richtig beantwortet: Damit befinden Sie sich eindeutig in der Spitzengruppe. Ob es nun an Ihrem Erdkundeunterricht lag oder an Ihrer Lebenserfahrung, ist egal. Sie kennen sich aus in der Welt und finden Ihren Weg, in jeder Hinsicht!

126–150 Punkte: Spitze!

Die Welt ist ziemlich unübersichtlich geworden – für Sie aber offenbar nicht. Sie kennen sich aus, sind in allen Wissensgebieten gut orientiert und informiert. Wir gratulieren! Wahrscheinlich ärgern Sie sich trotzdem über die wenigen Wissenslücken, die Ihnen geblieben sind. Aber trösten Sie sich: 150 richtige Antworten schafft eigentlich niemand – es sei denn, er gehört zu jenen, die sich diesen Test ausgedacht haben, also genau zwei Personen …

Was wir wissen und was nicht

»Ich muss vor allem die Winde kennen«

Der Segler **Boris Herrmann** über seine Weltumrundungen und die sichtbaren Folgen des Klimawandels

Herr Herrmann, wenn Sie auf den Weltmeeren unterwegs sind, sehen Sie links Wellen, rechts Wellen, vorne Wellen, hinten Wellen. Und oben den Himmel. Könnten Sie sich orientieren, wenn Sie keine Geräte hätten?
Mmh, gute Frage. Zum Glück hatte ich die Situation noch nie, dass alle Geräte gleichzeitig ausgefallen sind. Als ich ein Kind war, gab es natürlich keine GPS-Navigation, aber auch schon so eine Vorform mit Küstenstationen. Soweit ich mich erinnern kann, wussten mein Daddy und ich immer, wo wir sind.

Und heute?
Heute haben wir eine elektronische Seekarte und viele GPS-Geräte an Bord. Ich habe mal gezählt: Es sind mehr als zwanzig – Handys, GoPros und andere.

Wenn aber doch nur die Sterne zur Navigation blieben?
Einmal musste ich unter Beweis stellen, dass ich das kann, für meine erste Transatlantikregatta. Aber das ist lange her. Vor der letzten Weltumseglung habe ich mich dann noch mal gefragt: Was wäre, wenn alle Navigationssysteme abgeschaltet würden?

Und?
Ach, ich habe mir gedacht: Wenn es einen Grund dafür gibt, dass Amerikaner, Russen, Chinesen und Europäer alle gleichzeitig ihre Satellitensysteme abschalten, dann will man wahrscheinlich gar nicht zurück an Land. Dann segele ich eben frei Schnauze, wohin der Wind mich weht.

Wenn es so unwahrscheinlich ist: Warum mussten Sie es dann für diese eine Regatta noch können?
Schon da hatte es keine praktische Bedeutung, war nur ein Relikt. Seitdem spielte es keine Rolle mehr. Wobei auch ich noch ein paar Papierseekarten dabeihaben muss, was widersinnig ist: Wenn die Elektronik nicht funktioniert, kann ich mit den Papierkarten nicht viel anfangen.

Was für Karten sind das?
Das sind richtig große Dinger. Auf einer ist zum Beispiel die halbe Südhemisphäre abgebildet, auf einer anderen detailliert Kap Hoorn.

Mal anders gefragt: Wären Sie wie frühere Seefahrer ohne elektronische Geräte um die Welt gekommen?
Das weiß ich nicht. Was man nicht vergessen darf: Die hatten ja auch Hilfsmittel. Geräte zur Himmelsbeobachtung, Bücher und – ganz wichtig – eine Schiffsuhr. Das war ja die große Herausforderung der Seefahrt, die Uhrzeit zu bestimmen, weil man nur dann den Längengrad bestimmen kann. Ich habe da nur so ein grobes Halbwissen. Aber heißt dieses berühmte Buch über die Erfindung der Uhr nicht »Der Längengrad«?

Sie sagen, Sie hätten nur so ein Halbwissen. Worin müssen Sie sich denn richtig gut auskennen – eher Geografie oder Technik?
Beides. Natürlich sind auch die geografischen Gegebenheiten wichtig, zum Beispiel Untiefen, aber die sind nicht so

schwierig zu erkennen: Jedes Kind kann mit einem Handy eine Karte runterladen und sehen, ob da Land ist oder nicht. Beim Segeln muss ich die Wellen und die Strömung kennen, vor allem aber die Winde. Die studieren wir wirklich umfangreich. Das ist dann eigentlich Meteorologie im Grenzbereich zur Geografie. Auch mit den verschiedenen Klimazonen setze ich mich natürlich auseinander.

Ist das Erfahrungssache?

Aus den Wetterdaten versuchen wir, die ideale Route zu berechnen. Das ist eine Mischung aus Wissen, Erfahrung und Bauchgefühl.

Also wird man besser im Laufe der Zeit?

(lacht) Hoffentlich. Apropos Geografie: In Schleswig-Holstein ist meine Jacht »Seaexplorer« auf dem Geografiebuch für die Oberstufe abgebildet, das freut mich sehr. Im Buch gibt es auch ein Kapitel, in dem auf unser Team eingegangen wird.

Machen wir mal den Praxistest: Regnet es gleich?

(schaut aus dem Fenster): Nein, ich glaube nicht. Aber das ist nicht mein Spezialgebiet … Wir sitzen auf dem Boot ja auch drinnen und schauen zu wenig in die Wolken.

Sie sitzen drinnen?

Ja, ich sitze normalerweise unter Deck und nehme deshalb auch erst gar keine Sonnencreme mit.

Das klingt nach Indoorsport und passt gar nicht zum Bild des Seglers, der im Wind steht und der Gischt trotzt.
In meiner neuen Jacht sind zumindest viele Fenster, sodass ich schauen kann: Kommt von hinten eine große schwarze Wolke? Wie ist der Horizont?

Waren Sie immer schon gern auf See?
Ja, ich bin viel mit meinem Vater gesegelt, an der Nordseeküste. Auch wenn es klischeehaft klingt: Ich fühle mich da bei mir selbst, es ist so echt und real. Und es bleibt faszinierend. Es gibt ein schönes Buch, den »Atlas der abgelegenen Inseln«. Und wissen Sie was? Wir kommen an manchen von denen vorbei, zum Beispiel am Sankt-Peter-und-Pauls-Felsen irgendwo mitten im Atlantik.

Sie sind seit mehr als drei Jahrzehnten auf dem Wasser. Sehen Sie Veränderungen, die mit dem Klimawandel zu tun haben?
Ich beobachte deutlich mehr Sargasso-Seegras in den tropischen Gebieten, Braunalgenfelder bis zum Horizont. Und schon meine erste Nonstop-Weltumseglung hat deutlich länger gedauert, weil die Eisgrenze um die Antarktis sich ausgedehnt hatte. Wir sind dort im Sommer, also wenn auf der Nordhalbkugel Winter ist. Dort bricht das Eis vom Schelf ab und treibt in einer Zone, die man meidet, weil die Eisklötze schlecht auf dem Radar zu sehen sind. Und diese Zone ist deutlich größer geworden. Wir waren deshalb deutlich länger unterwegs als geplant und mussten unser Essen rationieren.

Sodass es richtig knapp wurde?

Mein Kumpel hat 15 Kilo verloren. Später bin ich dann mal durch die Nordostpassage gesegelt, nördlich an Russland vorbei, von Murmansk in die Beringstraße. Wir waren das erste Schiff, das allein unter Segeln durchgefahren ist, und haben überhaupt kein Eis gesehen. Dabei hatte ich die Berichte von Arved Fuchs noch im Kopf: wie er mit dem Eis gekämpft hat.

Und das sind alles Folgen des Klimawandels?

Nach allem, was ich gelesen habe, ist das so. Wobei man die vielleicht wichtigste Veränderung nicht sehen kann: dass die Ozeane versauern und sich erwärmen. Das beschäftigt mich auch deshalb, weil wir mit Wissenschaftlern zusammenarbeiten und ein Messgerät eingebaut hatten: für Salzgehalt, Temperatur und CO_2-Sättigung des Wassers. Südlich von Kapstadt gibt es kaum kommerzielle Schifffahrt, die Daten liefern könnte. Da sind unsere Messungen hoffentlich hilfreich.

Ist Segeln eigentlich ein Teil der Lösung oder des Problems? So ein Boot ist nicht gerade umweltfreundlich.

Der Bau nicht, aber auch da tun wir alles, um besser zu werden: Wir verbauen 100 Kilogramm Material, das auf biologischer Basis entsteht, die Grundlage ist Flachsfaser. Und ich kann mir schon vorstellen, dass Segel technologisch zu einer Lösung für Fracht- oder Kreuzfahrtschiffe beitragen können. Das ergibt aus meiner Sicht Sinn, auch wenn ich nicht glaube, dass alle Frachtschiffe irgendwann segeln werden.

Der Slogan Ihres Teams lautet: *a race we must win* – ein Rennen, das wir gewinnen müssen. Gewinnen wir den Kampf gegen den Klimawandel?

Im Moment nicht, wir müssen mehr tun.

Boris Herrmann wurde 1981 in Oldenburg geboren und segelt seit seiner Kindheit. Nach dem Abitur studierte er in Bremen Betriebswirtschaft mit dem Schwerpunkt Nachhaltigkeit. 2019 brachte er die Klimaaktivistin Greta Thunberg per Segeljacht von Plymouth nach New York City. 2020/21 nahm er als erster Deutscher an der Vendée Globe teil und belegte – nach einer Kollision mit einem Fischerboot am vorletzten Tag – den fünften Platz. Mit seinem neuen Schiff »Malizia – Seaexplorer« plant er weitere Weltumseglungen.

*»Wenn man verreisen kann,
sollte man das unbedingt machen«*

Die TV-Moderatorin **Linda Zervakis**
über Orientierung in der Welt, ihre Verbundenheit mit
Griechenland und ihren Erdkunde-Leistungskurs

Frau Zervakis, haben Sie früher mal »Stadt, Land, Fluss« gespielt?

Ja, sehr gerne sogar. Wir haben uns manchmal auch neue Kategorien gesucht: Farben, Süßigkeiten, sogar Bushaltestellen …

Für manchen Buchstaben gibt es kein passendes Land. Welchen?

Da muss ich raten: vermutlich X – das ist ja immer das Schlimmste.

Stimmt.

Dann habe ich ja eine Wissensfrage schon mal gelöst.

Frau Zervakis, wir wollen mit Ihnen über Geografie reden. Wie gut kennen Sie sich da aus?

Ich hatte immerhin Erdkunde-Leistungskurs …

Also: sehr gut?

Ehrlich gesagt: Ich habe das aus purer Verzweiflung gewählt, weil ich keine besonderen Stärken hatte. Im Abitur kam dann auch noch Stadtplanung dran, das war ganz schlimm, darauf war ich nicht vorbereitet. Umso froher war ich, dass ich die Schule verlassen durfte.

In Ihrem Berufsleben dürften geografische Kenntnisse wichtig sein: Als Fernsehjournalistin müssen Sie sich mit jeder Weltregion beschäftigen, in der gerade etwas passiert.

Ich frage mich in der Vorbereitung der Sendung natürlich: Wo liegt diese Stadt, dieses Land eigentlich genau? Ich brauche das, um es auch für mich einordnen zu können, und schaue dann zum Beispiel, wo genau Donezk ist oder wie nah die Ukraine. Es ist ja abscheulich: Nur weil Krieg ist, interessiert man sich plötzlich für gewisse Orte.

Hätten Sie vorher gewusst, wo Charkiw, Mariupol oder Odessa liegen?

Nein. Und das ist doch erschreckend, weil es mir vor Augen führt, wie begrenzt das eigene Wissen ist. Man weiß vielleicht viel über die Länder, die einem nahe sind oder in die man in den Urlaub fährt – und über die anderen viel zu wenig. Über die Ukraine jedenfalls wusste ich nicht genug, obwohl ich Russisch in der Schule hatte und in den Neunzigern auch nach Moskau und Sankt Petersburg fliegen durfte.

So gesehen bildet Ihr Beruf.

Ja klar, man lernt immer dazu. Als ich noch bei der »Tagesschau« war, habe ich die Nachrichten nur abgelesen. Aber auch da muss man eben wissen, wie man die fremden Ortsnamen aussprechen sollte.

Und wie erfährt man das?

Es gibt eine ARD-Aussprachedatenbank. Da wird jeder Begriff in Lautschrift reingeschrieben und einmal vorgesprochen. Dann übt man das so lange, bis man es kann. Ich weiß noch, dass ich Nachtschicht hatte, als dieser isländische Vulkan ausgebrochen war. In den »Tagesthemen« wurde einfach nur gesagt: ein isländischer Vulkan. Für die »Tagesschau« danach schrieb mir dann der Redakteur diesen komplizierten Namen in den Text. Der war Gott sei Dank schon in der Aussprachedatenbank. Ich habe zehn Minuten lang geübt: Eyjafjallajökull.

Wie bitte?
Eyjafjallajökull.

Beeindruckend, dass Sie das noch immer beherrschen. Gibt es andere Zungenbrecher?
Ja, … Massachusetts. Ein Horror. Je nachdem, wie wach man ist, wird es ganz schwierig.

Wenn wir auf Ihr Publikum blicken: Glauben Sie, dass alle heute geografisch so gut orientiert sind wie früher, oder hat sich das verändert?
Ich fürchte ja, da hat sich was verändert. Ich merke es an mir: Durch dieses schnelle Nachschauen bleibt weniger haften. Ich musste früher zur Vorbereitung auf den Unterricht in der Schule zur Bücherhalle fahren, um mir Bücher auszuleihen. Der Aufwand war viel größer. Heute kann ich alles schnell nachschauen und merke mir vielleicht nichts mehr so richtig. In Städten finde ich mich manchmal schlechter zurecht, weil ich mich eben nicht mehr an Straßen oder Gebäuden orientiere – sondern mit Google Maps.

Haben Sie darüber hinaus überhaupt noch Stadtpläne oder einen Atlas?

Früher hatte ich natürlich einen Diercke Atlas, noch selber mit der Folie eingepackt. Aber der veraltet eben auch: Wenn man da ein Exemplar von 1988 hatte, war eine Grenze zu sehen, die es zwei Jahre später schon nicht mehr gab. Vermutlich habe ich ohnehin mehr durch die Fahrten mit meinen Eltern gelernt.

Wie meinen Sie das?

Früher sind wir, also meine Eltern mit uns Kindern, jedes Jahr mit dem Auto nach Griechenland gefahren, in ihre Heimat. Die Fahrt war anstrengend, allein die lange Strecke durch Jugoslawien, aber da entsteht natürlich ein Gefühl für Entfernungen. Ich würde das gerne auch mal mit meinen Kindern machen, damit sie erkennen, wie weit es bis Griechenland ist.

Wie lange dauerte die Fahrt?

Zweieinhalb Tage. Und das Faszinierende daran war für mich als Kind die Erkenntnis, dass sich schon auf den ersten zehn Kilometern in einem neuen Land vieles verändert hat. Man wusste: Jetzt bin ich in Österreich. Oder: Das ist jetzt Jugoslawien.

Sie sind mit Ihrer Familie jeden Sommer nach Griechenland gefahren?

Ja, meine Eltern sind mit unserem Ford-Taunus-Kombi – hinten keine Sicherheitsgurte, keine Kopfstützen – die ganze Strecke durchgefahren. Verglichen mit heutigen Sicherheitsanforderungen geradezu bizarr. Wir Kinder saßen hinten zu dritt, jeder durfte sich mal hinlegen. Übernachtet haben wir immer im Auto, alles natürlich ohne Klimaanlage.

Wie haben Sie sich auf der Fahrt orientiert?
Wir hatten den ADAC Reiseatlas dabei und haben immer geguckt: Haben wir uns jetzt verfahren? Ich konnte noch Karten lesen!

Reisen Sie heute noch gerne?
Ja, sehr gerne sogar. Wenn man verreisen kann, sollte man das unbedingt machen – weil es den Horizont erweitert. Als ich nach Costa Rica kam, zum Beispiel, dachte ich, dass das ein freies, friedliches Land ist. Aber wenn man dort in den Supermarkt geht, stehen da zwei schwer bewaffnete Männer am Eingang. Das sind Bilder, die sich einprägen. In Sri Lanka waren wir ein Jahr nach dem Tsunami. Und auch das war so erstaunlich, weil die Menschen, die zum Teil alles verloren hatten, so freundlich, so offen zu uns waren, eine Gastfreundschaft an den Tag legten, die einem zeigte, wie spießig und verkopft Deutschland manchmal ist.

Nun gibt es ein neues Bewusstsein für die schädlichen Folgen des Reisens. Denken Sie auch daran?
Inzwischen ja. Durch die Klimaaktivisten oder das Pariser Klimaschutzabkommen wissen wir doch jetzt, dass wir unser Verhalten ändern müssen. Ich wundere mich, dass

der Flughafen immer voll ist. Und ich muss mir selbst an die eigene Nase fassen. Berufsbedingt muss ich von Hamburg nach München kommen. Mit der Bahn bin ich sechseinhalb Stunden unterwegs, das schaffe ich manchmal zeitlich nicht. Dann fliege ich die Strecke. Ich weiß nicht, ob die Leute erst mal so weitermachen wie bisher, aber denken, dass man das dann später irgendwie schon hinbekommen wird. Vielleicht helfen am Ende nur Verbote, etwa dass jeder Bürger nur eine Fernreise machen darf pro Jahr.

Aber nach Griechenland fahren auch Sie nicht mehr mit dem Auto?

Nein, das stimmt.

Sind Sie noch regelmäßig dort?

Ich versuche es alle zwei Jahre, es ist ein Teil meiner Heimat. Ich vergleiche das immer mit dem Bild von einem Stecker und der Steckdose. Wenn ich dahinfahre, kommt dieses Gefühl der Zugehörigkeit ganz schnell. Das ist ganz anders, als wenn ich zum Beispiel in Italien oder Spanien bin. Ich kann die Sprache in Griechenland, ich tauche sofort ein.

Sprechen Sie Griechisch so gut wie Deutsch?

Leider nicht ganz, man sagt, ich habe einen leichten Akzent. Aber ich komme supergut durch, habe keine Probleme.

Haben Sie einen Lieblingsort in Griechenland?

Nein. Nach der Schule sind viele aus meiner Klasse ins Ausland gegangen. Das konnte ich nicht, weil meine Eltern diesen Kiosk in Hamburg-Harburg hatten. Und da musste ich mitarbeiten. Ich würde also, wenn ich denn endlich genug Zeit dafür habe, Griechenland erkunden, die Peleponnes vor allem, ein wahnsinnig schöner Fleck.

Wie konnten Sie neben der Schule noch im Kiosk arbeiten?

Abends vor allem, bis 21 Uhr war er geöffnet.

Aber am Sonntag hatten Sie dann Ihre Ruhe?

Im Gegenteil. Das war unser Hauptarbeitstag. Die Geschäfte waren alle geschlossen, nur unser Kiosk blieb geöffnet. Für mich als Teenager war das natürlich blöd, meine Freunde hatten viel freie Zeit, während ich arbeiten musste. Es war schon hart, aber es war auch eine ganz gute Vorbereitung für das, was im Leben noch so kam. Wenn man das durchgehalten hat, kann einen beruflich nicht mehr viel schockieren.

Sind Sie eigentlich als Migrantin, zumal aus Griechenland, auch diskriminiert worden? Während der Eurokrise wird Ihre Herkunft doch ein Thema gewesen sein.

Bin ich denn noch Migrantin? Ich bin doch Hamburgerin. Ach ja, es gab immer wieder Bemerkungen und dann diese Witze, die ich am Ende besser als alle anderen erzählen konnte, obwohl ich mir eigentlich gar keine Witze merken kann …

Zum Beispiel?
Wollen wir heute Abend griechisch grillen? Ohne Kohle?

Gibt es einen Ort, an den Sie nie wieder zurückkehren möchten, einen Ort oder ein Hotel, mit dem Sie besonders schlechte Erinnerungen verbinden?
Schwierig. Ich würde nicht mehr freiwillig nach Mallorca fliegen, weil sich dort gefühlt ganz Deutschland tummelt. Ich möchte ja im Urlaub das Fremde erkunden und nicht das Gewohnte um mich herum haben. Auch wenn es da bestimmt wunderschöne Ecken gibt.

Das heißt, Sie fahren irgendwohin, um etwas Neues zu sehen und zu erleben.
Genau. Es geht immer ums Wegfahren, nicht ums Dableiben.

Linda Zervakis wurde 1975 in Hamburg geboren. Sie arbeitete nach dem Abitur als Werbetexterin, für verschiedene Hörfunksender und TV-Produktionsfirmen und dann beim NDR. 2010 wurde sie Sprecherin der »Tagesschau«. 2021 wechselte sie zu ProSieben und moderiert dort unter anderem das wöchentliche Journal »Zervakis & Opdenhövel. Live«.

»Ich dachte, niemand wird mich gleich umlegen«

Der Abenteurer **Rüdiger Nehberg** über seine gefährlichen Expeditionen und seinen Einsatz für die Yanomami

Herr Nehberg, Sie sagen, Sie haben 26 Raubüberfälle überlebt, drei Atlantiküberquerungen, eine Solotour halb nackt durch den Dschungel. Haben wir etwas vergessen?
Ich saß einmal in einem jordanischen Gefängnis, weil ich unbefugt ein Boot benutzt hatte. In dem Knast herrschten einfachste Verhältnisse. Aber wir haben uns gut mit den Beduinenwachen verstanden und das Positive im Alltag gesucht. Ich habe ein Schachspiel aus Körnern gebastelt, das zerrissene Brunnenseil repariert und mit Kakerlaken Derbys veranstaltet für einen Löffel Zucker. Mir fiel immer was ein. Als wir vorzeitig entlassen wurden, hatte der Gefängnisdirektor nur einen Wunsch: »Bleibt bitte noch privat meine Gäste!«

Wo haben Sie das Improvisieren gelernt?
Ich bin 1935 geboren. Kurz vor Ende des Krieges sind wir mit der Familie nach Dänemark geflohen und saßen dort zwei Jahre lang in Internierung. Da lernte ich, wie man Menschen besticht oder unter einem Stacheldrahtzaun durchschlüpft. Als wir nach dem Krieg nach Münster zurückkehrten, lag die Stadt in Schutt. Damals habe ich Ratten gezüchtet, weil die Gesundheitsbehörde pro Rattenschwanz eine Mark zahlte. Sie glaubten, ich würde helfen, die Plage auszurotten.

Bevor Sie Abenteurer wurden, waren Sie Bäcker. Wie kam das?
Früher wurden wir von unserer Mutter zum Hamstern aufs Land geschickt. Wir hatten einen Beutel dabei und

waren froh, wenn wir eine Kartoffel bekamen. Ich wusste, was Hunger bedeutet. Aus dieser Erfahrung bin ich als junger Mann mit 15 Jahren Bäcker geworden, weil das etwas Krisenfestes war. Mit 17 bin ich dann mit dem Fahrrad heimlich nach Marokko gefahren, um Schlangenbeschwörung zu lernen. Das sollte mir helfen, Geld zu verdienen und mich schneller als Konditor selbstständig zu machen. Mein Vater wähnte mich in Paris. Aber ich hatte einen Freund eingeweiht, der jede Woche von dort in meinem Namen eine vorgefertigte Postkarte in den Briefkasten warf. So begann das Abenteurerleben.

Warum wurde das nichts mit der Schlangenbeschwörung?

Ich wollte mit sechs Kobras gleichzeitig auftreten – das war den Veranstaltern zu riskant. Inzwischen war das Thema Survival in mein Leben getreten. Diese Bewegung aus den USA hat mich fasziniert. Ob es darum ging, Löcher ins Eis zu hacken und von Loch zu Loch zu tauchen, Wildschweine mit der Hand zu fangen oder sich von einer Riesenschlange Probe würgen zu lassen – ich habe mein eigenes Training entwickelt und meine Fähigkeiten immer weiter ausgebaut. Niemand muss eine besonders tolle Ausbildung haben, um etwas zu schaffen. Ich hatte auch nie viel Geld oder Eltern, die Beziehungen haben. Es reicht ein einzelner Mann oder eine Frau. Und los geht's.

Dachten Sie nie: Das ist jetzt zu riskant?

Nein. Ich wollte mir beweisen, dass ich auch ohne den Luxus der Zivilisation klarkomme, wie jedes frei lebende Tier.

Wie kam es dazu, dass Sie sich für die indigenen Yanomami in Brasilien engagierten?

Mich haben die Indianer schon immer interessiert. Ich habe natürlich Karl May gelesen. In meiner Jugend gab es nichts anderes. Als ich 1980 durch Brasilien reiste, hörte ich, dass die Yanomami das größte noch ursprünglich lebende Volk seien. Brasilianische Menschenrechtler sagten, sie würden von den Goldsuchern bedroht und fast ausgerottet. Ich bin Augenzeuge von Verbrechen geworden. Da fand ich meine Herausforderung.

Ihren ersten Besuch bei den Indigenen absolvierten Sie fast nackt mit Mundharmonika.

Vor meiner ersten Reise in den Urwald habe ich mir Gedanken gemacht, wie ich die Indianer treffen kann und lebend wieder rauskomme. Ich wusste, sie haben mit Weißen schlechte Erfahrungen gemacht. Sie haben Pfeile, die mich treffen könnten. Oder Goldsucher könnten mich erschießen. Ich dachte also, ich gehe besser unbekleidet und signalisiere: Ich komme in Frieden, ich bin wehrlos. Dann hatte ich eine Mundharmonika dabei, auf der ich alle Viertelstunde eine Melodie gespielt habe, um die Indianer anzulocken und positiv zu stimmen. Ich dachte, dann überwiegt die Neugier und niemand wird mich gleich umlegen. Auch nicht die Goldsucher.

Was ist mit wilden Tieren?
Überlegen wäre mir nur der Jaguar. Aber der Mensch ist eigentlich nicht sein Beutetyp. Er hört meine Musik und verschwindet. Riskanter waren Malaria oder Knochenbruch. Vielleicht noch Giftschlangen. Da tritt man laut auf, dann spüren sie die Vibration und verschwinden.

Ernährt haben Sie sich von der Natur. Wie testet man, ob eine Pflanze genießbar ist?
Mit Geduld. Sie muss einem zuerst einmal sympathisch sein. Wenn es eine stinkende stachelige Pflanze ist, kommt sie nicht infrage. Aber wenn sie einem entgegenlacht, zerreibt man sie und riecht daran. Wenn nichts Widerliches daran ist, kann man mit zunehmend längeren Zeitspannen Leck- und dann Kostproben machen. Man muss abwarten, ob wirklich keine Nachwirkung entsteht. Wenn nach zwei Tagen alles okay ist, rupfen Sie den Wald ab.

Sie haben dreimal den Atlantik überquert – per Tretboot, Floß und mit einem massiven Baumstamm –, auch, um auf das Schicksal der Yanomami aufmerksam zu machen.

Ich wollte dem brasilianischen Staatspräsidenten einen Brief im Sinne der Yanomami bringen. Ich dachte, ich strample ihn rüber und bei jeder Gelegenheit lese ich ihn vor. Dann konnte er nicht sagen, das Einschreiben sei verloren gegangen. Außerdem merkte ich, die Leute hören mir besser zu, wenn ich meine Botschaft mit einem Abenteuer verbinde. Das Abenteuer erhielt Sinn.

Haben Sie je Verzweiflung gespürt?

Mit autogenem Training habe ich alles verinnerlicht, was mir je widerfahren könnte. Schiffbruch, Sturm, Piraten. Auf alles war ich vorbereitet. Verzweiflung ist mir eigentlich fremd.

Ihr gesellschaftspolitisches Engagement unterscheidet Sie von vielen Abenteurern. Für den Schutz der Yanomami haben Sie jahrelang gekämpft – erst um die Jahrtausendwende sahen Sie deutliche Erfolge.

Wir hatten selbst nicht gedacht, dass es so lange dauert. Aber aufgeben kam nicht infrage. Ich war Augenzeuge des drohenden Völkermords geworden. Das verpflichtet. Die Indianer waren ja völlig chancenlos. Sie hatten mit Pfeil und Bogen gegen die Schrotflinten der Goldsucher keine Chance. Da musste ich an Deutschlands Naziregime denken. Auch wir konnten uns von Hitler nicht befreien, wir konnten froh sein, dass die Alliierten eingeschritten sind.

Glauben Sie an Gott?

An eine universelle schöpferische Allmacht. Dieser ganze Wahnsinn mit dem Weltall, mit jedem Moskito und jeder Bakterie. Wie soll das entstanden sein?

Glauben Sie an ein Leben nach dem Tod?

Nein, höchstens als Kompost für neues Leben. Ich bin Pragmatiker, ich will meine Zeit hier noch nutzen.

Als Rüdiger Nehberg im Frühjahr 2020 verstarb, schrieb der SPIEGEL in einem Nachruf: »Das Homeoffice war seine Sache nicht. Rüdiger Nehberg lebte mehrere Leben in einem, als Konditor, Abenteurer, schließlich als Menschenrechtler. Er überquerte dreimal den Atlantik, per Tretboot, Floß und mit einem Boot aus einem Baumstamm, wanderte durch die Danakil-Wüste, einen der heißesten Orte der Welt, paddelte den Nil entlang und marschierte ohne Geld und Ausrüstung durch Deutschland.« Einige Monate vor seinem Tod hatte die SPIEGEL-Redakteurin Katrin Kuntz ein Interview mit ihm geführt, das erstmals Anfang 2020 erschien und hier in gekürzter Form wiedergegeben ist.
Im Jahr 2000 hatte er mit seiner späteren Ehefrau Annette Weber die Menschenrechtsorganisation TARGET e. V. Rüdiger Nehberg gegründet. Die Organisation engagiert sich für die Rechte der Indigenen und den Erhalt ihres Regenwaldes ebenso wie für das Ende der Genitalverstümmelung an Mädchen. Die Organisation wird von der Familie weitergeführt (www.target-nehberg.de).

Lektüretipps

Was lehrt einen mehr über die Welt: das Reisen oder das Lesen? Darüber lässt sich vermutlich lange debattieren. Zum Glück schließt das eine das andere nicht aus. Darum möchten wir gerne einige Lektüretipps geben. Ob Sie das Buch dann auf dem heimischen Sofa lesen oder aber auf der nächsten Weltreise, bleibt Ihnen überlassen.

Warum nicht mal in einem Atlas stöbern? Vielleicht besitzen Sie noch Ihr Exemplar aus Schulzeiten und können schauen, wie die Welt sich verändert hat: welche Grenzen entfallen sind, wo neue Staaten entstanden sind. Und falls Sie beim Wissenstest nicht einer dieser Kandidaten waren, die an die 150 Punkte erreicht haben, werden Sie sicherlich auch die eine oder andere Überraschung erleben: Ach da liegt dieses Land!

Mit der **»Macht der Geographie im 21. Jahrhundert«** (dtv 2021) hat sich der britische Autor Tim Marshall auseinandergesetzt und so auch seinen Bestseller genannt. Darin erklärt er, »wie sich Weltpolitik anhand von 10 Karten erklären lässt«, und argumentiert: Alle Regierungen, alle Staatschefs unterliegen den Zwängen der Geografie. Man muss nicht alle Thesen Marshalls überzeugend finden, aus der Wissenschaft gab es auch Widerspruch – anregend ist die Lektüre allemal.

Der Katapult-Verlag aus Greifswald veröffentlicht ein »Magazin für Kartografik und Sozialwissenschaft«. Hinzu kommen seit einigen Jahren ungewöhnliche Bücher, darunter **»100 Karten, die deine Sicht auf die Welt verändern«** (Hoffmann und Campe 2019) – ein hehres, aber kein falsches Versprechen. Und das Buch **»55 kuriose**

Grenzen und 5 bescheuerte Nachbarn« (Katapult 2021) ist eines dieser Werke, das man schon wegen seines Titels lieben muss.

Aus dem SPIEGEL-Verlag kommt ein faszinierendes Werk, das auf der beliebten Kolumne »Das Satellitenbild der Woche« von SPIEGEL.de basiert. Die Kollegen Jörg Römer und Christoph Seidler haben es herausgegeben, der deutsche Astronaut Matthias Maurer hat ein Vorwort geschrieben. Das Buch enthält spektakuläre Aufnahmen und die spannenden Geschichten dahinter und heißt **»Von oben. Die schönsten Geschichten, die Satellitenbilder über die Erde und uns Menschen erzählen«** (DVA 2021).

Wer sich die Ferne träumen möchte, kann zu Judith Schalanskys **»Atlas der abgelegenen Inseln«** greifen, das zu einem Klassiker geworden ist. In der Neuauflage von 2021 beschreibt die Autorin nunmehr **»Fünfundfünfzig Inseln, auf denen ich nie war und niemals sein werde«** (mareverlag 2021). Tatsächlich sind die meisten Eilande so abgelegen, dass man schon waghalsiger Weltumsegler sein müsste, um ihnen auch nur nahe zu kommen.

Womit wir bei den drei Interviewpartnern wären, die in dem Buch, das Sie gerade in den Händen halten, zu Wort kommen. Wer mehr über Boris Herrmanns Abenteuer bei der Vendée Globe erfahren möchte, dem sei empfohlen: **»Allein zwischen Himmel und Meer: Meine 80 Tage beim härtesten Segelrennen der Welt«** (C. Bertelsmann Verlag 2021). Linda Zervakis berichtet in einem Buch deutlich ausführlicher über ihre Verbundenheit mit Griechenland als in dem Interview: **»Etsikietsi – Auf der Suche nach meinen Wurzeln«** (Rowohlt 2020) erzählt die Geschichte einer Reise mit ihrer Mutter Chrissi. Und schließlich: Rüdiger Nehberg hat seine posthum erschienene Biografie **»Dem Mut ist keine Gefahr gewachsen«** (Piper 2022) genannt und beschreibt darin unterhaltsam auf mehreren Hundert Seiten seine Abenteuer. Auch wenn Nehberg selbst vermutlich das Reisen im Zweifel immer dem Lesen vorgezogen hätte.

Bildnachweis

Seite 16 / 17: © Tuomas A. Lehtinen / Kollektion Moment / Getty Imgages
Seite 22: © Archive Photos / Kollektion Moviepix / Getty Images
Seite 24 / 25: © Caroline Purser / The Image Bank / Getty Images
Seite 27: © Ari Sääski / Kollektion iStock / Getty Images Plus
Seite 32 / 33: © Håkan Dahlström / Kollektion Moment / Getty Images
Seite 40 / 41: © Feng Wei Photography / Kollektion Moment / Getty Images
Seite 42: © bofotolux / Kollektion iStock / Getty Images Plus
Seite 46: © Jupiterimages / Photodisc / Getty Images
Seite 48 / 49: © shaunl / Kollektion iStock / Getty Images Plus
Seite 56 / 57: © Paul Souders / Kollektion Stone / Getty Images
Seite 58: © Jorg Greuel / Kollektion Stone / Getty Images
Seite 64 / 65: © Peter Dazeley / Kollektion The Image Bank / Getty Images
Seite 67: © clu / Getty Images Plus
Seite 71: **(a)** © Marco Rubino / Kollektion EyeEm / Getty Images;
(b) © klug-photo / Kollektion iStock / Getty Images Plus;
(c) © Starcevic / Kollektion iStock / Getty Images Plus;
(d) © Tatsuo115 / Kollektion iStock / Getty Images Plus;
Seite 72 / 73: © Karl Hendon / Kollektion Moment / Getty Images
Seite 77: **(a)** © ElFlacodelNorte / Getty Images Plus;
(b) © Joel Carillet / Kollektion E+ / Getty Images;
(c) © hrstklnkr / Kollektion E+ / Getty Images;
(d) © Nicolas Balcazar / Kollektion EyeEm / Getty Images Plus
Seite 80 / 81: © Peter Dazeley / Kollektion The Image Bank / Getty Images
Seite 85: © Westend61 / Getty Images
Seite 88 / 89: © StockByM / Kollektion iStock / Getty Images Plus
Seite 94: © Chesnot / Getty Images Europe
Seite 133: Boris Herrmann © Pierre Bouras / Malizia
Seite 141: Linda Zervakis © Elissavet Patrikiou / Fotografie
Seite 151: Rüdiger Nehberg © dpa / Axel Heimken